DEMOCRACIA E SIMULACRO
DA POLÍTICA DE SIMULACRO

LUCAS C. ROXO (ORG.)

DEMOCRACIA E SIMULACRO
DA POLÍTICA DE SIMULACRO

Copyright © 2019 by Editora Letramento
Copyright © 2019 by Lucas C. Roxo

Diretor Editorial | Gustavo Abreu
Diretor Administrativo | Júnior Gaudereto
Diretor Financeiro | Cláudio Macedo
Logística | Vinícius Santiago
Designer Editorial | Luís Otávio Ferreira
Assistente Editorial | Giulia Staar e Laura Brand
Capa e diagramação | Gustavo Zeferino
Ilustração da capa | Michele T. Philomena Bohnenberger, *Democracia disfórmica*, outubro de 2019
Revisão | Rafael Cota Teixeira

Todos os direitos reservados.
Não é permitida a reprodução desta obra sem aprovação do Grupo Editorial Letramento.

Dados Internacionais de Catalogação na Publicação (CIP) de acordo com ISBD

D383 Democracia e Simulacro: da política de simulacro / Lucas C. Roxo ... [et al.] ; organizado por Lucas C. Roxo. - Belo Horizonte : Letramento, 2019.
138 p. ; 15,5cm x 22,5cm.

ISBN: 978-85-9530-355-3

1. Política. 2. Democracia. 3. Simulacro. 4. Filosofia. I. Roxo, Lucas C. II. Bohnenberger, Michele T. Philomena. III. Barbosa, Janilson Pinheiro. IV. Lauxen, Roberto. V. Foschiera, Rogério. VI. Título.

2019-2234   CDD 320
                  CDU 32

Elaborado por Vagner Rodolfo da Silva - CRB-8/9410

Índice para catálogo sistemático:
1. Política : Democracia 320
2. Política : Democracia 32

Belo Horizonte - MG
Rua Magnólia, 1086
Bairro Caiçara
CEP 30770-020
Fone 31 3327-5771
contato@editoraletramento.com.br
editoraletramento.com.br
casadodireito.com

Grupo Editorial LETRAMENTO

AGRADECIMENTOS

Aos amigos que provocaram a reflexão, aos autores que aceitaram o desafio de contribuir com suas análises sobre a temática e à Alexandra Oliveira, pela revisão voluntária de parte dos textos desta obra.

PREFÁCIO   **9**

INTRODUÇÃO   **11**

CAPÍTULO 1
SIMULACROS NA DEMOCRACIA E NO CAPITALISMO   **15**

LUCAS C. ROXO

CAPÍTULO 2
ARTE E SIMULACRO NA DEMOCRACIA BRASILEIRA   **65**

MICHELE T. PHILOMENA BOHNENBERGER

CAPÍTULO 3
SIMULACROS NA EDUCAÇÃO BRASILEIRA   **81**

JANILSON PINHEIRO BARBOSA

CAPÍTULO 4
A HERMENÊUTICA JURÍDICA DE PAUL RICOEUR E AS INFLEXÕES POLÍTICO-JURÍDICAS DO JOGO DEMOCRÁTICO   **95**

ROBERTO ROQUE LAUXEN

CAPÍTULO 5
CULTURA E SIMULACRO: DA EXCEÇÃO À AUTENTICIDADE   **119**

ROGÉRIO FOSCHIERA

PREFÁCIO

A realidade política, democrática e cultural do Brasil tem se mostrado um desafio ao pensamento, principalmente porque a composição do aparente mostra-se, a cada fato político e social, uma ilusão, em que o real é um constante vir a ser de simulacros. Nesse contexto, refletir é um ato de resistência contra a naturalização e violência do aparente, uma ação necessária de restituição de sentido ao real.

O pano de fundo das análises realizadas pelos autores nesta obra são os acontecimentos políticos e democráticos ocorridos no Brasil entre 2013 e 2018. Um marco na jovem democracia brasileira, seja por seu ineditismo, seja por suas características inusitadas, ousadas e simbolicamente violentas.

As múltiplas convergências conceituais abordadas em cada capítulo possibilitam a compreensão de um Brasil até então dissimulado, um país que não se mostra autêntico, uma nação ainda em definição identitária, um povo em busca de coerência e convivência com seu passado e presente político sem projeto de nação. Uma indeterminação que ameaça até mesmo a democracia.

O fio condutor das reflexões empreendidas na obra é o conceito de *simulacro* e sua relação com a democracia. A relação se mostra fecunda na trama conceitual e reflexões filosóficas dos autores, mediadas pelos pensamentos de Platão, Jean Baudrillard, Paul Ricoeur, Giorgio Agamben, Charles Taylor e Theodor Adorno, entre outros. A proficuidade os conduz à profundidade necessária ao desanuviamento dos fenômenos políticos e à criação de conceitos para compreendê-los sem a cortina de fumaça dos simulacros.

Democracia e simulacro: da política de simulacro é uma abordagem de insatisfação e, por isso, provocadora. É um olhar crítico de positivação da democracia contra o simulacro que ela se tornou. O que os autores propõem é a superação dos simulacros políticos e da política de simulacro instalada na democracia, que, como vírus, vem enfraquecendo-a social e institucionalmente, em um movimento de autodestruição.

Reconstituir o jogo democrático com base no princípio da autenticidade política é uma necessidade e um imperativo à democracia brasileira.

INTRODUÇÃO

Esta obra é resultado da provocação de amigos e leitores sobre artigo publicado no jornal *Extra Classe*, em 2017, e intitulado "Democracia e simulacro". Nele defendia-se a ideia de que a democracia no Brasil, à luz dos acontecimentos de 2013 a 2017, tornou-se um simulacro que se autodestruiu. Considerando serem razoáveis as sugestões de maior aprofundamento e abrangência da análise filosófica do tema, foram convidados outros filósofos e artistas para colaborarem com suas visões e reflexões sobre simulacros na política, democracia, cultura, educação e arte. O resultado é uma obra multifacetada, articulada em cinco capítulos e com estilo ensaístico.

A perspectiva filosófica adotada para reflexão acerca da temática é a hermenêutica, porque esta está em constante diálogo com a realidade social e cultural, além de fornecer o instrumental conceitual necessário para o objetivo de trazer à tona a complexidade e contradições da cultura brasileira, mediante interpretação que rompa a cortina de fumaça dos fatos e adentre na dimensão de sentido destes, com olhar de compreensão e de desconstrução dos simulacros que aí se estabelecem.

O **capítulo I** perfaz o caminho do conceito de simulacro em Platão e Baudrillard e suas múltiplas relações com o capitalismo, trazendo à tona os simulacros que o perfazem e influenciam o modo de ser, pensar e agir do homem na sociedade atual. Da relação entre democracia e simulacro, as ideias de povo, democracia, cidadão de bem, patriotismo, *outsider*, corrupção, normalidade jurídica, representatividade e a própria história do Brasil emergem como simulacros políticos. A mídia e o mundo virtual da internet surgem como partes dos jogos de simulacros, em que os fatos são diluídos e destituídos de sentido na virtualidade da imagem. Ao analisar a relação entre simulacro e religião, constata-se que as denominações cristãs neopentecostais transformaram Deus, pela teologia da prosperidade, em simulacro; que o conservadorismo brasileiro emergente se funda na degeneração moral de uma classe média que não se vê no Brasil desigual. Da intricada relação entre política, democracia, religião, virtualidade e capitalismo, surge a *política de simulacro*, um modo de fazer política que visa, em **última** instância, desmontar a própria democracia.

O **capítulo II** explora a relação entre simulacro e arte. A arte em seu *caráter imagético subversivo* confronta-se com as ações políticas e conservadoras que visam transformá-la em simulacro de si mesma. A arte, em seu representar, resiste em ser simulacro político. A autora analisa essa resistência em seus aspectos históricos e políticos, retoma as tensões que se valem da pós-verdade e do conceito de simulacro, além do desconhecimento da população em torno do campo artístico, com a finalidade de favorecer interesses políticos, ilustrando como o poder questionador da arte tem incomodado os setores dominantes em **âmbito** global, tornando-a foco de ataques que procuram modificar seu sentido. Suas interpretações evidenciam os simulacros que estão por trás da negação do corpo e a estetização da imoralidade. Ameaçar politicamente a arte torna-se um risco à própria democracia, e, por essa razão, ela propõe a superação dos simulacros e da política de negação da arte através de conhecimento e educação.

No **capítulo III**, o autor se debruça sobre as relações entre democracia, simulacro e educação. Primeiramente ele analisa as implicações do golpe de 2016 e suas características de simulacro. Reconhece que o discurso ideológico adotado pelo governo tem a finalidade de 'esvaziar a ação educacional em escolas e universidades da dimensão crítica da educação'. Em sua análise sobre o contexto educacional brasileiro, identifica a 'educação como simulacro de democracia e desenvolvimento', em que os conceitos de marxismo cultural, ideologia de gênero e escola sem partido são articulados nos discursos como plataforma política de ataque à educação. Partindo daí, o autor projeta a educação e a democracia para além dos simulacros políticos, propondo, a partir do pensamento de Theodor Adorno, uma educação que emancipe o cidadão, o previna criticamente do fascismo, da intolerância e da barbárie, de modo a 'reinventar a democracia em educação'.

O **capítulo IV** tem como objetivo 'investigar como a condição constitutiva de abertura do jurídico pode estar subordinada ao controle estratégico e político contra a ordem democrática'. Já na introdução, o autor sinaliza para o fato de que 'a frágil democracia brasileira foi assaltada com tantos simulacros que transformaram a simulação em algo perverso, situado no nível da fraude' e que 'o direito vem se transformando em aparato de controle político autoritário em favor de interesses corporativos nacionais e internacionais'. Em seguida, o autor investiga "a circunscrição filosófica do jurídico", em que delimita o campo jurídico em relação à filosofia política; depois, em relação ao sentido amplo de justiça; e, por fim, compreender a estrutura fenomenológica da prática jurídica. Na terceira seção, explora a hermenêutica jurídica de Paul Ricoeur. E, a modo de conclusão, aprofunda a temática anterior e seus limites em confronto com elementos conjunturais.

Por sua vez, o **capítulo V** (último) aborda a relação entre simulacro e cultura a partir da perspectiva filosófica de Giorgio Agamben e do filósofo Charles Taylor. O autor busca estabelecer interlocução entre os conceitos de exceção e autenticidade para compreender a questão do simulacro na cultura atual e seus apelos por autenticidade. A reflexão se desenvolve em torno de três questões: pode-se considerar a "autenticidade" uma significação intersubjetiva da vida social contemporânea? Esse questionamento o conduz a investigar a filosofia de Giorgio Agamben, particularmente o conceito de "estado de exceção" como paradigma da política contemporânea. Essas duas vertentes vão ser unificadas no terceiro problema: a ética da autenticidade de Charles Taylor pode ser uma resposta ao estado de exceção de Giorgio Agamben?

Esta obra não abrange e nem esgota todos os temas e simulacros que perfazem o jogo do poder e da política na democracia brasileira, entretanto, abre uma vereda rumo a um horizonte pouco explorado.

Desejamos uma profícua leitura!

CAPÍTULO 1
SIMULACROS NA DEMOCRACIA E NO CAPITALISMO

> "E a virtude, que, com a política,
> aprendera milhares de truques ardilosos,
> foi, graças à feliz influência, tornando-se amiga do vício:
> desde aquele dia o pior tipo de toda a multidão
> para o bem comum contribuía."
> Bernard Mandeville (1670-1733)

1. SIMULACRO COMO ILUSÃO E SIMULAÇÃO

A sociedade brasileira é um desafio ao pensamento não tanto por sua diversidade, mas por aquilo que perfaz o submundo da cultura, das forças políticas e econômicas, que tramam a composição do aparente que se vive como realidade. Essa dimensão, quase que oculta, mas que, de tempos em tempos, irrompe com força e violência simbólicas capazes de fazer emergir o conteúdo da composição, não visível, surge como a verdadeira realidade na qual se vivem os efeitos. Acessar essa dimensão requer lançar mão da ideia de simulacro em sua dialética para trazer à tona a complexidade da realidade gestada sob o aparente e do próprio aparente, em suas simulações e velamentos, de uma ilusão vivida como real.

A ideia de simulacro remonta a Platão. Ao discorrer sobre a arte mimética, no "Sofista", ele a divide em duas: a arte de copiar e o simulacro. A arte de copiar é aquela que busca reproduzir o original tal como ele é. O simulacro é aquilo que "em nada se assemelha ao modelo que presume imitar [...] por apenas parecer sem ser parecido".[1] Para Platão, essas

---
1 PLATÃO. *Diálogos I:* Sofista. Tradução de Edson Bini. Bauru: 2010, p. 54.

são duas espécies de fabricação de imagem, em que a cópia é imitativa e o simulacro é ilusório. A criação de imagens para imitar a realidade, segundo Platão, é uma cópia da cópia, porque o original que imita já é a representação da ideia perfeita que reside em outro mundo. E o simulacro, que busca 'apenas parecer sem ser parecido', é um involucro que contém a distorção, a camuflagem e o fascínio que levam ao engano, distorcem a percepção e o pensamento. Extrapolando o conceito platônico, o simulacro é a dimensão perversa, violenta, predatória e colonizadora da mimética.

A ideia de simulacro será retomada no século XX por Jean Baudrillard, em sua obra *Simulacros e simulação*. Nela, o conceito é redimensionado; e a imagem, compreendida em sua representatividade pura. Na sucessão histórica, a imagem "não tem relação com qualquer realidade: ela é seu próprio simulacro puro".[2] Sendo, dessa forma, a imagem, o simulacro é aquilo que não possui realidade, o que é anterior à própria realidade. O que é anterior ao real e, ao mesmo tempo, sua possibilidade, é o virtual, o hiper-real. De acordo com Baudrillard, o que se vive no virtual é o "próprio deserto do real".[3] O que prevalece na hiper-realidade, em que as diferenças são eliminadas, é o simulatório, e não mais o aparente. Nesse ponto, Baudrillard se distancia de Platão, ampliando a ideia de simulacro com o conceito de simulação. O simulacro não é somente da ordem do aparente e do ilusório, mas também do simulatório.

No simulatório, o modelo, como dimensão do simulacro, é a referência para criação e representação da diferença. O modelo é o simulacro da hiper-realidade. E sua consequência inevitável é a manipulação. O real, em última análise, é resultado da manipulação dos modelos que se pretende criar.

Dos três tipos de simulacros descritos por Baudrillard – simulacros naturais, baseados na imagem (utopias); simulacros produtivos, baseados na energia e na força (ficção científica); e simulacros de simulação, baseados na informação, no modelo, no jogo cibernético – a hiper-realidade é que tem como objetivo o controle total. O terceiro é o que se impõe na sociedade atual. No Brasil, ele ganha contorno histórico, político e de negação.

O simulacro, tanto aparente como ilusório na acepção platônica, como virtualidade e hiper-realidade simulatória em modelos reprodutores, na concepção de Baudrillard, perfaz a sociedade atual absorvendo tudo e todos em seu jogo simulatório. Além da ilusão e do modelo, outros si-

---

2 BAUDRILLARD, Jean. *Simulacros e simulação*. Lisboa: Antropos, 1991, p. 13.

3 *Ibidem*, p. 8.

mulacros se delineiam na sociedade de forma violenta, pela diluição do fato em imagens. O indivíduo que joga o jogo simulatório e ilusório do simulacro transforma-se, ele próprio, em um.

2. SIMULACROS NO CAPITALISMO

O capitalismo, na sociedade atual, opera no imaginário das pessoas como um simulacro. Ele não pode assumir explicitamente sua verdadeira finalidade sem que isso cause desconforto tanto em suas articulações de negócio quanto na moral que o imbui. Por isso opera de forma velada e usa de artifícios que provocam empatia – projeção de elementos de personalidade em um objeto – para atrair e convencer as pessoas a consumirem. Transformar os indivíduos em consumidores até que eles se consumam tornou-se o projeto do capitalismo neoliberal. Um processo de subjetivação sutil e perverso que atua sobre as consciências, traduzindo-se em comportamentos e hábitos autodestrutivos e de controle.

2.1. *FALÁCIA ANTROPOLÓGICA*

A *falácia antropológica*[4] é a mais assombrosa. Ela se caracteriza pelo discurso falacioso, porém, empático, que se vale da valorização das pessoas para fins de manipulação, seja psicológica, seja da mão de obra. É a exploração das pessoas por sua valorização. Isso fica explícito no *slogan* de um dos homens mais ricos do Brasil e do mundo, Jorge Paulo Lemann: "Nosso negócio, na realidade, não é cerveja, não é *ketchup*, nosso negócio é gente" (informação verbal).[5]

O *slogan* faz crer que a pessoa é mais importante que o produto que ela consome, levando-a ao autoengano. A finalidade do mercado é o lucro, e não pessoas. Estas são apenas meios. Para ter lucro é preciso consumir produtos. A falácia antropológica é um simulacro pelas seguintes razões: fazer as pessoas crerem que são mais importantes que produtos é um mecanismo de coisificação; coisificar pessoas, de tal forma que elas não se vejam como produto, leva à inversão da consciência; para o mercado, é uma verdade e uma crença necessárias para fins de convencimento das pessoas consumirem; a valorização psicológica e motivacional da pessoa é um mecanismo de dominação e submissão; colocar a pessoa no centro

---

[4] Essa falácia se assemelha à falácia *ad hominem*, porém, de modo inverso, em vez de atacar a pessoa ou sua moral, bajula-a, valoriza-a, de modo que ela própria se subverta.

[5] Discurso realizado em janeiro de 2018, em evento da Endeavor Brasil, no Insper.

do sistema de produção é esconder o verdadeiro centro: os meios e os modos; o autoengano e a consciência invertida do trabalhador o levam a crer que a meritocracia é uma virtude, e não um mecanismo de exploração da mão de obra; a autoconfiança/a crença em si (potencial, autonomia e competência) e os desejos são usados para fins de colonização da subjetividade; 'gente' é uma abstração impessoal condizente com o 'ser mercado', que distancia o indivíduo de seus direitos de ser humano; a força de trabalho da 'gente' é o que almejam os donos do negócio, e não a pessoa em si; brindes, promoções, investimento pessoal e outras ações visando à retenção de talentos e pessoal são mais uma falácia da valorização do indivíduo nas empresas. Mas, acima de tudo, é uma estratégica disciplinar de subjetivação e transformação do sujeito em empresa de si, enfim, em uma mercadoria, eliminando a sensação de alienação.

A aparente valorização do homem como fim dos negócios no capitalismo é uma ilusão que tem por fim inverter sua consciência para explorar sua mão de obra e seu conhecimento. Essa é a razão antropológica que opera com sucesso sobre a psique de forma naturalizada, alienando-a e confinando-a em seu consumo próprio, de suas habilidades e de suas energias física e mental. Sob suas próprias condições, o homem é transformado em um produto de mercado dócil e servil, que se consome a si mesmo.

O consumo de si próprio ensejou na sociedade capitalista a pior das doenças contemporâneas, a depressão. Em sua obra *A exclusão do diferente*, o filósofo Byung-Chul Han dá um vislumbre desse mal: "O sinal patológico dos tempos atuais não é a repressão, é a depressão. A pressão destrutiva não vem do outro, provém do interior"[6] (tradução nossa). A vida que deveria ser plena de sentido torna-se cada vez mais vazia e niilista, levando o homem à autodestruição.

2.2. *MERITOCRACIA COMO SIMULACRO*

A *meritocracia* é um simulacro. Engana-se quem acha que mérito é virtude. O discurso do mérito está ancorado na mesma antropologia acima descrita. Ele vincula-se diretamente à autoestima, à necessidade de reconhecimento e autodeterminação inerente à psique humana. Está relacionado também ao esforço físico que possibilita a ação da autodeterminação do indivíduo e à necessidade existencial da felicidade.

---

[6] *"El signo patológico de los tiempos actuales no es la represión, es la depresión. La presión destructiva no viene del otro, proviene del interior"* (HAN, Byung-Chul. *La expulsión de lo distinto*. Espanha: Herder, 2018, p. 9).

Essas predisposições psíquicas, físicas e existenciais são estimuladas por recompensas e promessas, de tal forma que o indivíduo desvia toda sua energia e esforço físico à produção e aquisição do objeto transformando ele mesmo em objeto de manipulação do desejo de outros. A apropriação e domínio desse envolvimento de 'corpo e alma' dos indivíduos para produção de um determinado objeto ou produto por uma recompensa, seja ela financeira ou apenas o reconhecimento – a valorização denominada de 'massagem no ego' –, no contexto capitalista, se chama meritocracia. É necessário salientar, no entanto, que esse dispositivo psíquico-físico-existencial tem seu lado positivo enquanto o homem coloca em marcha sua autodeterminação. Mas é nefasto quando apropriado para fins de autoconsumo, drenagem de energias físicas, psíquicas e existenciais do indivíduo, porque leva à culpabilidade. O indivíduo se percebe como fonte do fracasso, e não como resultado de um sistema econômico degenerado. Na lógica exploratória da mão de obra no mercado, não há ganho moral no mérito que possa acrescentar sentido à vida do indivíduo, pelo contrário, há demérito, pelo simples fato de não haver autenticidade no reconhecimento. A inautenticidade leva a viver uma vida aparente e de faz-de-conta que se é feliz. Resta apenas o desalento.

O mérito torna-se mais evidente como simulacro do discurso capitalista quando se analisa a concentração de riquezas no mundo e no Brasil. Segundo o Relatório da Oxfam (2017), "o 1% mais rico da população mundial possui a mesma riqueza que os outros 99%, e apenas oito bilionários possuem o mesmo que a metade mais pobre da população no planeta".[7] No Brasil, não é muito diferente, os seis maiores bilionários do país concentram a riqueza equivalente à da metade mais pobre da população. O "1% mais rico concentra 48% de toda a riqueza nacional, e os 10% mais ricos ficam com 74%. Por outro lado, 50% da população brasileira possuem cerca de 3% da riqueza total do País".[8] No relatório de 2018, da mesma organização, enquanto se conclui que "a metade mais pobre da população teve retração de 3,5% de seus rendimentos [...] os rendimentos do 1% mais rico representam 36,3 vezes mais que aqueles dos 50% mais pobres".[9]

---

[7] OXFAM. *Relatório – A desigualdade que nos une*. São Paulo: 2017, p. 11.

[8] *Ibidem*, p.50

[9] *Idem. País estagnado:* um retrato das desigualdades brasileiras. São Paulo: 2018, p. 18.

A riqueza concentrada é resultado do 'mérito' de milhões de trabalhadores que acreditam que o pouco que recebem lhes é digno e justo, pois é resultado do seu suor e esforço, ou seja, é merecido. Sem se dar conta que a consciência do mérito, que foi construída em sua mente, é um embuste, uma forma velada, intencionalmente, de explorar o seu melhor, sem que haja uma recompensa justa pelo seu esforço. A terapia do valor do trabalho humano precisa ir ao limite do "mito de que todos somos pagos de acordo com nosso valor individual",[10] como alerta Ha-Joon Chang. O mérito é o simulacro perfeito para o enriquecimento de poucos e manutenção da desigualdade na sociedade.

É fato que o sucesso e conquista das pessoas estão atrelados às condições e contexto em que se encontram. A considerar as condições históricas e familiares em que se nasce e herda, convém indagar acerca da relação entre mérito e sorte. Dado que ninguém pede para nascer em sua família e em determinado tempo histórico, a condição de vida não pode ser mérito seu, mas uma variável do acaso – a sorte. Para Robert Frank, "existe uma dimensão de sorte pessoal que transcende todas as outras [...]. Não importa o quão talentoso e ambicioso você seja, sucesso material é apenas uma possibilidade remota nos países mais pobres do mundo".[11] A crença no mérito no mundo econômico capitalista serve, inclusive, para esconder o fato da sorte, porque sua evidência implicaria em ter que dividi-la, mediante taxação das riquezas acumuladas. A taxação das grandes fortunas já está no horizonte político de muitos países, inclusive no Brasil. Um defensor dessa proposição é o economista francês Tomas Piketty: "O imposto sobre o capital faria prevalecer o interesse geral, em detrimento do interesse privado, preservando, a um só tempo, a abertura econômica e as forças da concorrência".[12] Para ele, ainda que utópico, esse mecanismo possibilitaria a superação da desigualdade.

O discurso do mérito esconde o fato da sorte para não dividir a riqueza herdada. Sorte é riqueza; e mérito, o seu simulacro. A sorte não nega o esforço individual, tampouco justifica o sucesso material herdado ou adquirido, como resultado, exclusivamente, do mérito pessoal. Talvez o conceito de mérito devesse ser pensado como capital social.

---

[10] CHANG, Ha-Joon. *23 coisas que não nos contaram sobre o capitalismo*. São Paulo: Cultrix, 2013, p. 50.

[11] FRANK, Robert H. *Sucesso e sorte:* o mito da meritocracia. Tradução de Camila Araújo. Belo Horizonte: Letramento, 2017, p. 93.

[12] PIKETTY, Thomas. *O capital no século XXI*. Tradução de Monica Baumgarten de Bolle. Rio de Janeiro: Intrínseca, 2014, p. 450.

2.3. *UM SIMULACRO QUE DISCIPLINA*

Numa economia de simulacros, criam-se necessidades fúteis e efêmeras, de modo que, com pouco dinheiro ou quase nada, resta ao trabalhador contrair dívidas para manter e suprir os desejos de consumo. Uma das consequências simulacrais do capitalismo é a transformação da dívida em um *disciplinador moral*. A dívida, ou se endividar, foi naturalizada, reforçada como necessária, e é quase impossível viver sem ela. Pois é, a dívida é uma ferramenta moral e disciplinar, "o meio predileto do capital de impor sua forma particular de escravidão".[13] A dívida como estratégia disciplinar faz parte de uma racionalidade econômica e controle das subjetividades, em que "a racionalidade neoliberal produz o sujeito de que necessita ordenando os meios de governá-lo para que ele se conduza como uma entidade em competição".[14] A dívida é um desses meios muito eficazes.

Endivida-se para fazer sacrifícios e, assim, inibir seus impulsos consumistas ou suprir suas necessidades e continuar a consumir. Uma vez endividado, pune-se, sacrifica-se, controla-se, trabalha-se mais e mais para pagar a dívida. Esse esforço lhe atribui o ganho moral ou a recompensa do mérito. Muitos exclamam: consegui sair da dívida com muito esforço! E, novamente, voltam a endividar-se. A dívida é um vício ou uma virtude do sistema? Para o sistema, que se alimenta do sacrifício do endividado, é uma virtude necessária, sem a qual não se vive. Para o indivíduo, um vício, sem o qual não pode viver no sistema; e, portanto, tem que se sacrificar no altar da dívida, melhor dizendo, no caixa de um banco.

Um círculo vicioso que o mercado encontrou a fim de disciplinar os indivíduos e criar consciência moral. Enquanto atua dessa forma, velado, invertendo a consciência do indivíduo e levando-o ao autoengano, a dívida também opera como um simulacro no imaginário da economia doméstica. As famílias sobrevivem sob o julgo da dívida. O mecanismo tornou-se psicológico, pois se entende que só é possível investir se houver endividamento; vale todo sacrifício, enforcar-se num empréstimo bancário com taxa de juros de 14% ao mês e mais de 400%[15] ao ano

---

[13] HAVEY, David. *A loucura da razão econômica:* Marx e o capital no século XXI. São Paulo: Boitempo, 2018, p. 201.

[14] DARDOT, Pierre; LAVAL, Christian. *A nova razão do mundo:* ensaio sobre a sociedade neoliberal. São Paulo: Boitempo, 2016, p. 328.

[15] Em setembro de 2016, a taxa de juros do cartão de crédito chegou a 480%, segundo relatório do Banco Central.

no cartão de crédito. Como disciplinador moral, ele sai do âmbito da economia doméstica e retorna ao jogo do lucro – seu maior objetivo. Com milhares de pessoas endividadas,[16] o mercado criou um mecanismo educativo lucrativo chamado de *educação financeira, coach financeiro*, para orientar as pessoas a se planejarem e organizarem suas dívidas. E, com isso, mais punição moral, que obriga o indivíduo a abrir mão do lazer, cultura e consumo de supérfluo, para depois regrar seu comportamento com o *consumo consciente*.

O *consumo consciente* é um novo simulacro disciplinador. Consumir consciente significa controlar seus impulsos e desejos em meio a tantos estímulos para adquirir bens e produtos. Significa também gastar e adquirir apenas o necessário, de modo a evitar desperdícios. Isso é o que diz o mercado, mas não é seu interesse fundamental. Por trás do consumo consciente está o uso das consciências por meio da sensibilização, apelo emocional e solidário, para mais consumo. O exemplo da propaganda de cerveja Stella Artois é paradigmático. Os elementos sensibilizadores são um ator (Matt Damon), a dificuldade de acesso a água na África e uma belíssima taça de cristal logotipada com a marca da cerveja. Apresentados em um comercial dramatizado em imagens e sons que despertam os sentimentos mais nobres das pessoas sensibilizando-as e, assim, estimulando-as a consumirem 'conscientes' de que estão ajudando a matar a sede de pessoas na África – o que de fato pode estar acontecendo. Contudo, a subjetividade é apropriada pela manipulação da consciência, através da solidariedade, e usada pelo capitalismo como produto. A consciência e a subjetividade são manipuladas e transformadas em simulacros morais. Usados pelo tribunal da consciência para punir aqueles que não colaborarem, colocando em suspeição seus valores, princípios morais e religiosos, obrigando, de certo modo, o sujeito a consumir o produto ou a consumir-se em culpa. Então, percebe-se que a finalidade não é o consumo consciente, mas o consumo da consciência, pela apropriação da subjetividade, para o consumo do produto. A propaganda passa a ser também um disciplinador moral; e a consciência e a subjetividade, um simulacro do consumo, a disciplinar moralmente aqueles que se negarem a consumir para ajudar outrem.

---

16 O número de pessoas endividadas no Brasil, em novembro de 2018, chegou a 62,4 milhões, segundo relatório do Serasa Experian (Indicadores econômicos. Disponível em: https://www.serasaexperian.com.br/amplie-seus-conhecimentos/indicadores-economicos. Acesso em: 27 mar. 2019).

IMAGEM 1 - PROPAGANDA DE TAÇA DE CERVEJA DE STELLA ARTOIS

A dívida como disciplinador não atinge somente o indivíduo, mas também o Estado. Sua forma simulacral é a austeridade; através dele o "poder dos credores subverte e tenta aprisionar a soberania do Estado".[17] O Brasil viveu o efeito disciplinador da austeridade com a PEC nº 55/2016. O endividamento do Estado, por exemplo, levou o Congresso a congelar investimentos públicos por 20 anos, sob alegação dos economistas, mídia e políticos representantes da elite capitalista de que o país quebraria. Segundo alguns economistas e políticos, o principal problema para o desenvolvimento do Brasil é o juro exorbitante que o Estado paga aos bancos. Isso fazia parte da estratégia neoliberal dos rentistas – que somam aproximadamente 10 mil famílias no Brasil – de desmonte do Estado e garantia de pagamento da dívida pública. O discurso da dívida pública tornou-se um simulacro disciplinador do Estado, usado pelo mercado

---

[17] DARDOT. 2016, p. 201.

para garantir o recebimento dos juros, que chega a mais de 40% da dívida do Estado. Um mecanismo usado para transferência, concentração de renda e manutenção da produção de valor do capital pelos juros. Uma loucura, na visão de Havey, que torna o entendimento do mundo refém da insanidade de uma "razão econômica burguesa que não apenas justifica como promove a acumulação sem limites, enquanto simula uma infinidade virtuosa de crescimento harmonioso e melhorias alcançáveis no bem-estar social".[18]

No capitalismo atual, os simulacros criados pelo sistema se atualizam no jogo cotidiano da linguagem dentro e fora das empresas, na sociedade e nas relações interpessoais. Um exemplo disso é a tentativa dos setores de Recursos Humanos – geralmente geridos por psicólogos – de reformularem a nomeação das relações de poder nas empresas. As relações de poder nas empresas se estabeleciam entre patrão/chefe e empregado, caracterizando subordinação e hierarquia. Depois, passaram-se para gerente/diretor e funcionário, reduzindo a conotação de subordinação. Recentemente o funcionário passou a ser colaborador, caracterizando horizontalidade nas relações de poder. Outra reformulação pragmática da linguagem, nesse âmbito, mobiliza as empresas e um novo mercado educativo, o líder. Este é um sujeito capaz de agir tanto no nível operacional/gestão quanto no nível subjetivo, motivando e 'encantando' os colaboradores para a produção. Encantados pelo líder, os colaboradores o seguem sem o filtro da crítica. O encantamento cega o colaborador quanto à sua condição de empregado, ao mesmo tempo em que o torna produtivo, inspirado e motivado. Será o líder o mais novo simulacro do jogo de poder, de apropriação das subjetividades e exploração do trabalho pelo carisma?

Essa constante reformulação da linguagem para aproximar e fazer o indivíduo sentir-se 'dono' da empresa é uma estratégia para que ele produza cada vez mais, sem a autopercepção de que está sendo explorado. Nomear o trabalhador como colaborador e líder não deixa de ser um simulacro. Ameniza o impacto psicológico e pressão sobre o indivíduo, mas não o torna detentor do meio de produção e do conhecimento, nem lhe dá direito ao uso-fruto dos ganhos que gera, para além do seu mísero salário. Essa é uma estratégica daquilo que Pierre Dardot chamou de 'empresa pessoal', ou seja, "fazer com que o indivíduo trabalhe para a

---

[18] HAVEY, 2018, p. 173.

empresa como se trabalhasse para si mesmo".[19] O reflexo concreto desse processo no mercado de trabalho são a pejotização, o trabalho *home office* e o surgimento do consultor, os quais são empresas de si mesmos.

Ainda que o trabalho seja usado para todos esses fins, cada indivíduo deve fazer um esforço racional de compreender sua dignidade e natureza ontológica positivas,[20] a fim de resgatar e conferir sentido ao seu ser e fazer.

2.4. O DISCURSO DO EGOÍSTA SOLIDÁRIO

O discurso do *egoísta solidário* – aquele que, travestido de pensamento, oratória e ações aparentes de altruísmo e solidariedade, objetiva, veladamente, seus interesses pessoais, grupo ou classe social – foi sustentado e lastreado pela mídia, principalmente pela Rede Globo de televisão, a qual é simulacro do capitalismo neoliberal no Brasil. Em seguidas reportagens, operava com violência simbólica sorrateira.

Depois do golpe político, jurídico e midiático de 2016 na democracia brasileira, vivenciou-se uma ofensiva simulacral do capital sobre direitos do cidadão, visando retirá-los e transformá-los em produtos comercializáveis. O simulacro adotado foi o discurso de *solidariedade do capitalista*. Um discurso essencialmente egoísta. Alegava-se, então, ser a reforma da Previdência necessária para o Brasil não quebrar e ser uma reforma para os mais pobres. Mas, à medida que as discussões avançavam, evidenciavam-se seus propósitos e os interesses privados que o impulsionavam.

É conhecimento de todos que a Previdência é um sistema baseado na solidariedade entre gerações.[21] A geração mais nova contribui para garantir à geração mais velha uma vida digna. Mas alguns são mais egoístas que solidários, não contribuem e, para continuar se beneficiando dessa negação, adotam o discurso solidário. O mais intrigante é quando o egoísmo se reveste de solidário num sistema de poder neoliberal e de exceção. Então, parece justo e meritoso exigir reforma tributária para reduzir impostos, fazer reforma da Previdência, reforma trabalhista,

---

19 DARDOT, 2016, p. 327.

20 Sobre as dimensões ontológicas do trabalho escrevi no artigo "Mundo do Trabalho: resgate do sentido" (*Extra Classe*, ano 23, n. 224, jun. 2018).

21 No Projeto de Emenda Constitucional (PEC nº 6-A), de 2019, em sua primeira versão enviada à Câmara dos Deputados, o governo propunha o regime de capitalização como substituto ao regime de repartição – alteração amplamente defendida pelo Ministro da Economia Paulo Guedes.

reduzir direitos sociais e estabelecer um Estado mínimo. O discurso de solidariedade do capitalismo é essencialmente egoísta, porque esse é seu fundamento antropológico. Sua finalidade não é a garantia e manutenção da democracia e dos direitos sociais e a resolução dos problemas sociais, mas a subversão dessa e retirada desses para manutenção do poder do mercado sobre o Estado e a perpetuação da mendicância dos indivíduos às migalhas do seu trabalho. Para que as reformas dos sistemas tributário, trabalhista e previdenciário sejam solidárias, radicalmente, precisam ser justas, segundo a Constituição, e não de acordo com a solidariedade egoísta capitalista. Esta é perversa e aparente, imbuída de interesses privados.

A reforma da Previdência precisa ser feita, mas para ser justa deverá rever a previdência dos militares, a previdência dos funcionários públicos, a previdência dos políticos, a previdência dos trabalhadores do campo, considerando a expectativa de vida em todos os Estados – discrepante das condições de vida e trabalho das grandes cidades. A reforma só será justa se refletir a diversidade e desigualdade do país, bem como eliminar os privilégios. A reforma da Previdência terá que ser desigual para ser justa.

2.5. *A ANTROPOMORFIZAÇÃO DO MERCADO*

Um fenômeno que deve ser olhado com acuidade no capitalismo é a *antropomorfização do mercado*. O distanciamento virtualizado e matematizado do mercado é revestido de características psíquicas, emocionais e tipicamente humanas. O mercado tornou-se um ente autônomo, dotado de inteligência própria.

É comum ouvir, principalmente nos meios de comunicação, que o 'mercado ficou nervoso', o 'mercado ficou eufórico', o 'mercado está esquizofrênico', o 'mercado está ansioso', o 'humor do mercado alterou', que a 'vontade do mercado não tem limites'. Qual seria a finalidade de atribuir fenômenos psíquicos a uma hiper-realidade ou superestrutura como o mercado? Seria apenas a de tornar mais fácil sua compreensão? Ou há outra finalidade que a própria linguagem criada para expressá-lo esconde?

A transferência de características humanas para uma estrutura econômica governada por pessoas revela como os interesses de alguns, para prevalecerem, metamorfoseiam-se de modo a corporificarem-se, como se fossem independentes da vontade, governada por leis e sistemas próprios. Uma forma sofisticada de transferência de responsabilidade para evitar o peso moral do jogo de vantagem, muitas vezes inescrupuloso, que nele se pratica. A elevação do mercado a *status* de ente, com vontade e inteligência próprias, cumpre duas funções como simulacro: criar a ilusão de que não há pessoas agindo por trás das regras do capital, e que, portanto, o mercado está acima das vontades; e que as regras e mudanças se estabelecem pela livre vontade do sistema econômico, ou seja, uma superestrutura independente e externa ao sujeito.

A personificação é a forma de transformar o mercado em um ser corporificado. A vontade do mercado é a mesma daquele que o controla. Mas é isso que a antropomorfização quer esconder, porque aí reside o simulacro, na superestrutura como ente metafísico, porém parecido com o homem. A identificação é o mecanismo de apropriação e inversão das consciências pelo simulacro da antropomorfização do mercado, pois leva as pessoas a crerem que, de fato, o mercado é um ser metafísico capaz de estabelecer e direcionar suas regras, vontades e interesses, independente dos indivíduos.

O simulacro efetivo da antropomorfização é a *confiança*, que está na base psíquica de nossa constituição humana e, por extensão, em nossas relações sociais e institucionais. Ela é um construto moral. Sem esse sentimento bem sedimentado, qualquer relação amorosa, racional ou institucional é abalada. Porém, uma vez alicerçada, pode ser transformada em objeto de uso, aplicação pragmática para manipulação psicológica, individual e coletiva.

O mercado se apropriou desse pressuposto sentimental e moral para alicerçar suas projeções e investimentos financeiros. Essa retórica é usada sempre e a cada vez que o ente quer se potencializar, ou seja, criar condições para lucrar mais, seja provocando uma 'crise de confiança', seja usando a desestruturação da economia para requerer mais fé. A artificialização desse sentimento é a base do especulativo. Os investidores só investem se tiverem certeza no futuro, ou seja, se o futuro lhes garantir especular para lucrar. Nessa perspectiva, a confiança é o simulacro do capital especulativo. Usa-se esse discurso porque é sabido de seus efeitos psicológicos de aceitação pelo indivíduo e pelo inconsciente coletivo. Docilizados, fica fácil convencer pessoas e instituições para se obter lucro. O mercado exige esse crédito não para investir e produzir, mas para especular financeiramente, porque é aí, de fato, que está seu interesse, nos ganhos de capital que resultam da especulação financeira. Aliás, no Brasil, a economia padece desse *pathos* – o capital especulativo.

Quando o Brasil viveu a crise econômica e política de 2015 – também consequência da crise econômica internacional de 2008 –, que se estende até o presente momento, o pressuposto da confiança se enfraqueceu, apesar de a mídia, através de seu exército de analistas, bradar ser ela necessária para a retomada dos investimentos do mercado. Outras perspectivas de análise econômica e política[22] desnudaram o simulacro e mostraram as forças e interesses que atuavam às escondidas. Entre elas estão o capital especulativo e os bancos que lucram com juros estratosféricos, bem como a ilusão de que o mercado é 'livre' e se autorregula sem a ação política do homem. Sobre esse simulacro, Ha-Joon Chang o classifica como mito: segundo ele, "não é possível definir objetivamente o quanto o mercado é 'livre'. Essa é uma definição política".[23] O economista vai mais além e afirma que "o limite do mercado é politicamente determinado e que os economistas que defendem o livre mercado são tão 'políticos' quanto aqueles que desejam regulamentar os mercados",[24] mas esse desejo dos capitalistas não pode ser manifesto como vontade individual ou pessoal, por isso é projetado na 'vontade' da superestrutura econômica: o mercado. Então, ouvimos dos analistas econômicos que o 'mercado deseja…', que o 'mercado anseia…'. Como pode uma superestrutura ter em si a vontade humana? Um mito, um simulacro que inverte os polos, transforma o homem em virtualidade, ao mesmo tempo em que personaliza uma hiper-realidade econômica, que age no imaginário como fetiche da felicidade.

---

[22] Mônica De Bolle, em seu livro *Como matar a borboleta-azul: uma crônica da era Dilma*, ainda que de forma inversa, como pretende a obra – mostrar o desastre econômico do governo Dilma –, esqueceu de mencionar, na "Fábula do Metrô", que no Brasil, independentemente de governo, existe um grupo de 'engenheiros' econômicos e políticos que trabalham com engenharia reversa. Laura Carvalho é outra economista que evidencia o simulacro que se tornou a economia brasileira, em sua obra *A valsa brasileira*. O professor e economista Luiz Gonzaga Belluzzo evidencia também os mecanismos usados pelo mercado e pela elite capitalista no país, em sua obra *Manda quem pode, obedece quem tem prejuízo*; com a iminência das eleições de 2018, o *impeachment* e os estragos democráticos, sociais e econômicos do governo Temer, alguns políticos, como Ciro Gomes, trouxeram à baila em suas análises político-econômicas os interesses do mercado especulativo financeiro, os altos juros dos bancos e as razões da ofensiva neoliberal de privatização. Enfim, os simulacros do capital que desmontam a democracia e a soberania do país.

[23] CHANG, 2013, p. 22.

[24] *Ibidem*, p. 54.

3. DEMOCRACIA E SIMULACRO[25]

Como compreender o revés que a democracia brasileira sofreu nos últimos seis anos? Para responder, minimamente, a essa pergunta, seguiremos as pistas dos simulacros. Como já vimos, o simulacro opera na mediação entre a realidade sensível e a inteligível. É o espaço da representação, da imagem, da mimesis e da simulação. Como mediação, contém as duas realidades de modo velado. O simulacro é ilusório; e, quando articulado com o poder, é violento.

Nos últimos seis anos no Brasil, configuraram-se vários elementos do jogo aparente do simulacro na política, na democracia e na mídia. O primeiro deles são *as ruas*. No jogo de poder estabelecido na sociedade, elas representam, para além do espaço de locomoção do direito de ir e vir, o lugar de expressão das vontades, liberdades e reivindicações políticas do cidadão. Mas, desde as manifestações de julho de 2013, quando 'as ruas' bradavam ser apartidárias, estas foram feitas de receptáculo, simulacro de interesses políticos e classes sociais, espaço de uma minoria, considerada pela mídia *cidadãos de bem* – um outro simulacro. E, quando 'as ruas' são usadas por outros grupos com interesses políticos contrários aos da mídia ou de determinada classe social, são taxados de vândalos, bandidos e badernistas.

O povo – este simulacro de interesses escusos – da autenticidade política grega do *demo* passa pela degradação latina do *vulgo e da plebe*, e chegamos à versão portuguesa de *populacho e ralé*, um conceito político que se transformou em simulacro. Passou a ser mais uma categoria usada para justificar vontades e interesses políticos particulares de uma minoria como se fosse a vontade de todos. Essas categorias foram usadas pela mídia e seu exército de analistas, os políticos e a elite empresarial para deslegitimar aquilo que dá poder ao povo, a democracia, pela destituição de uma presidente eleita por ele. *O povo brasileiro* agindo contra si mesmo. O simulacro destruindo a realidade que o legitima. Uma violência simbólica capaz de corromper até mesmo as mentes mais politizadas.[26]

---

25 A síntese dessa relação foi publicada em artigo no jornal *Extra Classe*, ano 22, n. 220, dez. 2017.

26 O caso mais impressionante foi o do Senador Cristovam Buarque, que cometeu suicídio político ao apoiar o *impeachment* de Dilma Rousseff e depois se arrependeu.

Seguindo o fluxo do aparente, característico dos simulacros, não escapou nem mesmo a *democracia*, a qual foi convertida em possibilidade de salvação do Brasil, como se ela fosse algo externo ao Estado. Ela foi usada como argumento 'pelas ruas' e pelo 'povo brasileiro' de forma ingênua e, depois, desmontada pelos interesses do mercado, revelando-se um simulacro de interesses contrários a ela mesma. Vítima do antipopulismo, a democracia foi sendo corroída por suas próprias ferramentas e instituições. A democracia no Brasil é um simulacro que se autodestruiu.

No jogo do aparente, o velho se reveste com todo poder de novo. O *novo* é simulacro de um nepotismo que se perpetua no poder há anos, na política e no poder Judiciário brasileiro. O 'novo' nada mais é do que o nepotismo incrustado na política. O *simulacro nepótico* se atualiza a cada quatro anos nas eleições, nas diferentes esferas do Estado, emplacadas de pai para filho, de neto para avô, tanto que alguns consideram o sobrenome o 'seu maior patrimônio'. Segundo estudo da Transparência Brasil,[27] a transferência de poder de algumas famílias na Câmara e no Congresso é secular, a exemplo de famílias como a Maia, Bolsonaro, Calheiros, Richa, Cunha Lima, Jereissati, Neves e outras. No Judiciário, o simulacro se atualiza, de tal modo que é preciso uma genealogia despótica, como um estudo da Universidade Federal do Paraná (UFPR), em 2017, publicado na *Revista Nep*, e intitulado "Prosopografia familiar da operação 'lava-jato' e do ministério Temer". Juízes e políticos ingressam na vida pública como 'novos' para perpetuar o poder familiar na vida pública. Eis aí uma das causas do desastre da política e da democracia brasileira: famílias que se perpetuam no poder transformando-o em reduto de suas morais privadas. A democracia no Brasil é quase uma monarquia despótica invisível à consciência coletiva.

O simulacro mais perverso e sedutor é a *corrupção*.[28] Foi com ela que todas as dimensões e instituições do Estado foram absorvidas. A corrupção, na democracia, se tornou um simulacro, porque pode ser personificada moralmente. Os exemplos mais típicos são o PT, Lula e Dilma, de um lado; Temer, Aécio, PSDB e PMDB (MDB), de outro. Os três primeiros foram

---

27 Na Câmara, ainda de acordo com o levantamento da Transparência Brasil, o Nordeste encabeça a lista das regiões com mais herdeiros (63%), seguida pelo Norte (52%), Centro-Oeste (44%), Sudeste (44%) e Sul (31%). No Senado, entretanto, Sul, Sudeste e Centro-Oeste estão à frente (67%), seguidos pelo Nordeste (59%) e Centro-Oeste (42%).

28 Não se trata de negar a existência da corrupção na política. Ela existiu, há, e sempre assombrará a política. Porém, no Brasil, ela é usada para desmontar a soberania popular a cada vez que algum representante do povo tenta atacar as desigualdades sociais.

personificados como corruptos; e os demais, como honestos. A corrupção para ser extinta precisa também de um simulacro que personifique a moral contrária a ela, identificada pelo 'povo brasileiro' no Juiz Sérgio Moro. Mas, como é da natureza do simulacro ser um receptáculo falso, descortina-se no *jurídico*, ser um, de interesses políticos e corporativos. O que era moral e honesto, tornou-se imoral e ilegal.

No jogo do simulacro político, o ilegal se justifica como excepcional e justo. Essa é a condição do Estado Democrático de Direito brasileiro atualmente – um Estado de exceção imoral e ilegal. O Direito e a Justiça, que deveriam proteger a democracia, converteram-se em sua maior ameaça. O Ministério Público (MP) e o Supremo Tribunal Federal (STF) passaram a atuar politicamente no vácuo de poder deixado pelo Poder Executivo e Legislativo desmoralizado, um desequilíbrio que assustaria até mesmo Montesquieu, pois a harmonia dos Poderes dá lugar à ditadura da toga e à exceção.

IMAGEM 2 – *OUTDOOR* EM CURITIBA PAGO PELA FORÇA-TAREFA DA OPERAÇÃO LAVA JATO[29]

Os discursos de *normalidade* e *funcionalidade institucional* configuram-se em mais um simulacro. São argumentos recorrentes para negar a crise institucional dos Poderes do Estado. Usando como bengala discursiva o constitucional e decisões do STF, busca-se manter a aparência de que tudo está normal e funcionando conforme a Constituição, as leis e os regimentos, quando, de fato, está sendo desmontado. Os malabarismos hermenêuticos do STF no julgamento dos políticos de direita e políticos de esquerda, com dois pesos e duas medidas, criando estratégias e subterfúgios para burlar a Constituição, mostra que o Judiciário tem lado. A lei é para todos, exceto em alguns casos. A lei, em sua forma impressa, pode até ser imparcial, mas não o juiz que a interpreta. Aqui é

---

[29] LEMES, Conceição. *Jornal Viomundo*, 25 mar. 2019.

preciso fazer valer a máxima hermenêutica de que no dizer permanece algo de não-dito. Naquilo que não é dito residem o interesse, a intenção, os preconceitos e a verdadeira razão da ação humana, válida também para a lei que sofre a ação hermenêutica da subjetividade. Os casos mais emblemáticos foram os julgamentos do ex-presidente Luiz Inácio Lula da Silva, tanto na Primeira Instância, como na Segunda, no TRF4 e no STF, no julgamento do *Habeas Corpus* de prisão sobre o caso do triplex. Neles, a hermenêutica jurídica converteu-se em um simulacro em que as interpretações extras prevaleceram sobre as constitucionais.

Resta afirmar, portanto, que, na fluidez ilusória do simulacro, tudo está diluído na virtualidade do sentido, na síntese conceitual de pós-verdade. Não há fato, não importa o fato, há somente versões e narrativas de encobrimento.

3.1. *A HISTÓRIA DO BRASIL COMO SIMULACRO*

À luz dos últimos seis anos, sob certos aspectos, a história do Brasil mostrou-se ser um simulacro. Mais uma vez, se constatou que parte dela foi negada, esquecida e relegada ao plano do virtual, enquanto se reergueu uma hiper-realidade a partir da qual foi interpretada sua positividade e negatividade.

Com as manifestações espontâneas de 2013, que depois se tornaram objeto de manobra pela mídia e pela elite capitalista, a hiper-realidade implode em sua virtualidade negada, evidenciando que as manifestações haviam se convertido em simulacros de interesses de uma classe social. A mesma classe que sempre tentou manter as aparências do Brasil que não existe, um simulacro do Brasil de fato, visível em sua geografia da desigualdade. Então, o mosaico se desfez, e vieram à tona as contradições da sociedade, da política e da cultura. A caixa de Pandora brasileira foi aberta, e o primeiro mal a pular fora foi o ódio.

As contradições do conservadorismo moralista, a negação de classes sociais, a negação do preconceito e o discurso de políticos governando para o povo, revelaram-se simulacros na cultura brasileira. Até então, percebia-se que o brasileiro estava se tornando moralmente 'superior', 'sem preconceitos', que seus valores eram mais elevados – essa sensação foi trazida à tona por Ali Kamel em 2006, em seu livro intitulado *Não somos racistas*, uma espécie de negação das políticas de cotas. No entanto, a partir de 2013, uma onda de intolerância tomou o país. Ataques às religiões de matriz africana, a LGBTs, às artes, ao pensamento e à liberdade. Todas essas manifestações possuíam linha direta com Brasília. Foi de lá que veio o alerta para as atitudes conservadoras e moralistas latentes na sociedade, embaladas pela bancada evangélica, pelo discurso moralista e conservador, preconceituoso e discriminatório, personificado no deputado Jair Messias Bolsonaro. A política que deveria potencializar a democracia tornou-se sua ameaça.

As forças do Estado e da mídia nas ruas e nas redes sociais, acionadas pelo próprio Estado – como a intervenção militar no Rio – ou por diferentes grupos e movimentos sociais ligados a essa ou àquela ideologia partidária, transformaram as redes sociais em uma arena de violência e difamações por meio de *fake news*.[30] Esses eventos serviram de cortina de fumaça para aquilo que o governo de Michel Temer e o mercado fariam com o Estado – desmonte dos direitos sociais e da soberania nacional pela privatização e venda do pré-sal aos americanos, perdão de dívidas aos bancos e atendimento aos interesses do agronegócio. A intervenção no Rio servia de aviso aos pobres e negros favelados renegados e, ao mesmo tempo, um aceno à elite e à classe média, que ansiavam por segurança, mesmo que isso custasse vidas. Uma manobra política para dizer: não ousem, fiquem onde sempre estiveram.

Com essas ações, o Estado negou sua soberania para continuar submisso aos interesses internacionais e neoliberais, o que ficou constatado com a política de preço de combustíveis de Pedro Parente na Petrobras – alinhada ao preço do petróleo internacional, levando à crise dos caminhoneiros e de abastecimento em junho de 2018. Todavia, foi o suficiente para abrir a cortina, para a população ver o simulacro que foram as pedaladas fiscais, o projeto e as políticas do governo de Michel Temer.

A pequenez de negar a si e a soberania de seu país é resultado daquilo que Mangabeira Unger chamou de *colonialismo mental*,[31] uma espécie de patologia mimética, de cópia, que não permite o pensar, o imaginar e o ser diferente. É mais fácil imitar, exportar ideias e repetir os outros. O sociólogo Jessé Souza vai além, relembra que o *complexo de vira-lata* foi criado pelas elites para manter o povo submisso, principalmente os descendentes de escravos, que constituem, em sua maioria, a ralé. Para

---

[30] Enquanto escrevia este texto, a Reuters divulgava nota do Facebook sobre a exclusão de 196 páginas e 87 perfis disseminadores de *fake news* ligadas ao Movimento Brasil Livre (MBL).

[31] Esse conceito é desenvolvido na obra *Depois do colonialismo mental: repensar e reorganizar o Brasil* (São Paulo: Autonomia Literária, 2018, p. 22).

esse projeto, criou-se uma estrutura social, política, econômica e cultura que os mantivesse na servidão.[32]

Desde a redemocratização do país, esteve latente o desejo de se viver a aparente segurança da ditadura, bem como esteve latente o ressentimento da abolição da escravidão no Brasil. Esses dois momentos se destilaram como magma vulcânico sob mentes e instituições por anos, buscando um respiradouro para extravasar. A elite política do país, consciente desse fato, sempre soube que somente no seio da liberdade as mentes e instituições poderiam jorrar seus ressentimentos, ódios e interesses. Por essa razão, polarizou politicamente no palco da democracia. Nesse sentido ela sempre foi um teatro dialético de ódio. Uma luta velada pela manutenção do *status quo*. Esta é a verdadeira razão da desvalorização secular da educação[33] no país, recentemente atualizada pelo movimento *escola sem partido*, que quer impor limites conservadores ao livre exercício do pensar, à crítica e ao confrontamento científico dos saberes com o mundo real. Emancipar e educar criticamente o cidadão através do conhecimento é uma ameaça à perpetuação dos privilégios porque o conhecimento é o principal objeto de troca e poder entre as classes sociais nas sociedades capitalistas. Nesse cenário, aliaram-se as formas de sobrevivência do capitalismo transformando, inclusive, a democracia em mercadoria – algo apenas com valor simbólico, e não real – e o conhecimento, em distinção moral e de classe social.

---

[32] Essa crítica do sociólogo é desenvolvida em sua obra *A elite do atraso: da escravidão à Lava-Jato*, principalmente no capítulo primeiro, intitulado de "O racismo de nossos intelectuais: o Brasileiro como vira-lata" (p. 13-35).

[33] Recentemente em seu livro *A pátria educadora em colapso: reflexões de um ex-ministro sobre a derrocada de Dilma Rousseff e o futuro da educação no Brasil*, Renato Janine Ribeiro afirma: "[...] nosso atraso, nosso fracasso, inclusive na educação [...] são sinais de como resiste à mudanças um projeto renitente de Brasil hierárquico, excludente, injusto, construído com habilidade e destreza ao longo dos séculos [...]. A desigualdade é tão poderosa que chega a capturar até os projetos de igualdade" (São Paulo: Três Estrelas, 2018, p. 9).

IMAGEM 3 – JOÃO FERREIRA E SUA BABÁ, MÔNICA[34]

Em *As raízes do conservadorismo brasileiro*, do jornalista Juremir Machado, pode-se viajar pelo simulacro que se tornou a negação do preconceito racial no Brasil na história e na mídia, após a abolição da escravidão em 1888. Já o desejo latente de retornar ou reviver a segurança da ditadura militar seguiu o viés do simulacro da corrupção, da segurança pública e o vácuo de poder que os políticos deixaram, explodindo-se nas eleições polarizadas para presidente em 2018.

De 2003 a 2015, com os governos Lula e Dilma, o foco do Estado passou a ser as classes menos favorecidas, os mais pobres, bem como a inclusão das minorias no radar dos direitos sociais e democráticos, o que ativou o ressentimento secular da classe média no país, a qual foi às ruas protestar nas manifestações 'apartidárias' em 2013 contra a corrupção. A valorização do diferente e o reconhecimento das identidades chocaram-se com o conservadorismo político, moral e religioso da classe média influenciando, decisivamente, na derrocada do governo Dilma.

---

34 WIKIMEDIA COMMONS; MUSEU AFRO-BRASIL.

Em 2014, com a reeleição de Dilma Rousseff, uma nova ofensiva, dessa vez da classe política de direita, representada por Aécio Neves, abalou a credibilidade da democracia, questionando o resultado das urnas e declarando boicote ao governo Dilma. Quebrou-se aí o pacto democrático e político. A partir de então, o Congresso, a mídia e o Judiciário brasileiro assumiram a linha de frente com ataques ao PT, fazendo ressurgir o antipetismo e o discurso anticomunismo, resultando na mais grave crise política desde a redemocratização. Esse discurso foi o mesmo que elegeu Fernando Collor de Mello em 1989, representante da agenda do Consenso de Washington para imposição de austeridade econômica e desmonte do Estado na América Latina; o mesmo que polarizou PT e PSDB na década de 1990, levando à eleição de FHC e à adoção da agenda neoliberal, em 1994. E agora, em 2018, o antipetismo e anticomunismo ressurgem sob o simulacro da corrupção. Mas por que esses simulacros são tão eficazes no imaginário dos brasileiros?

O Judiciário, pelo viés da Operação Lava Jato, e a mídia, pelo viés do assassinato de reputações e execração pública de políticos, continuaram a explorar o antipetismo. O Congresso Nacional encenou ao mundo o *impeachment* da presidente Dilma Rousseff, colocando em seu lugar Michel Temer, denunciado pelo mesmo mal que a condenaram. Um ato de traição, um golpe no projeto de governo eleito nas urnas, que foi substituído pela *Ponte para o Futuro* – um projeto neoliberal rechaçado pelos cidadãos por quatro eleições seguidas. As larvas vulcânicas do ódio e preconceito da classe média se estenderam ao núcleo do Partido dos Trabalhadores; com instituições políticas fortalecidas, mas dominadas pelo ressentimento histórico, iniciaram uma ofensiva contra o PT e seu principal líder, Luiz Inácio Lula da Silva; condenaram-no e o puseram na cadeia.

IMAGEM 4 – VOTAÇÃO DO *IMPEACHMENT* DA PRESIDENTE DILMA ROUSSEFF NA CÂMARA DOS DEPUTADOS[35]

Quando se olha para a história e a Constituição do Brasil, sob esse prisma, pode-se afirmar que não só a mente, mas a alma e a consciência foram colonizadas. A consequência foi a inversão da consciência contra si mesma. E contra essa inversão, se quisermos, nós brasileiros, não importa nossa origem, nos livrarmos dessa perversão, temos que fazer terapia com a história e nosso passado escravocrata. Sem esse passo atrás de reconciliação e autocompreensão catártica, não há como superar o déficit de consciência moral e ética. Não haverá autenticidade, tampouco reconhecimento e valorização da nossa grandeza, jamais poderemos ser nós mesmos, pois haverá sempre o desejo inconsciente implantado em nós de querer ser outro e o desejo de negação do outro. A consciência coletiva brasileira é um simulacro que resiste em não se reconhecer. É uma consciência inautêntica que precisa ser superada.

---

35 Alan Marques, para Folhapress.

3.2. BOLSONARO: SIMULACRO DO ARQUÉTIPO DO GRANDE PAI NA DEMOCRACIA BRASILEIRA

O efeito colateral do antipetismo abriu uma fenda na democracia. Dele surgiu uma figura de carisma autoritário e conservador. A jovem democracia brasileira, em vários momentos, buscou representar a força arquetípica dos simulacros em políticos como Fernando Collor de Melo, Aécio Neves, o juiz Sérgio Moro, mas foi em Jair Bolsonaro que se materializou. Político com discurso e frases simplórias de efeito, discriminatórias, homofóbicas, de exaltação da tortura e da violência, personificou o desejo de segurança aparentemente vivido no período militar, absorveu o sentimento antipetista gerado pelo discurso polarizante do próprio PT de 'Nós e Eles', bem como os valores conservadores do 'homem/cidadão de bem' e o sentimento xenofóbico a nordestinos, ancorado no fundamentalismo das religiões evangélicas e no sentimento nacionalista, traduzido na coligação partidária *Brasil acima de tudo, Deus acima de todos*.

Entretanto, Brasil e Deus no *slogan* são simulacros. Brasil é um simulacro para acionar o sentimento patriótico e contrapô-lo à bandeira vermelha do PT e ao fantasma do comunismo, assim como Deus é usado para legitimar o fundamentalismo evangélico neopentecostal contra o catolicismo, religiões de matriz africana e manter coesos os fiéis. Deus é o simulacro político do ódio, um objeto de manobra para ascender ao poder. Esses dois simulacros estão na raiz do protofascismo emergente no Brasil. Uma mistura entre o profano e o sagrado da qual já padeceu a humanidade, um retorno ao Estado eclesiástico. Será necessária uma nova reforma da igreja, dessa vez, evangélica.

A deificação de Jair Bolsonaro vociferada como mito e capitão vincula-se a uma contradição moral, ética e teológica. Em nome da fé, de Deus e da verdade, lança-se mão do discurso de ódio para ativar, depois do amor, a força mais poderosa que o homem já experimentou, o ódio. Revestido pelo poder político do ódio, Bolsonaro se legitima como o novo ungido de Deus, o novo messias. Em seu discurso junto ao pastor Silas Malafaia, em um culto, dois dias após a sua eleição, disse: "tenho certeza que não sou o mais capacitado, mas Deus capacita os escolhidos". Como escolhido poderá sentir-se o todo poderoso e o portador da ira divina. Colocar Deus e a Bíblia acima de tudo, num Estado laico, é uma afronta fundamentalista à Constituição. Ódio, religião, poder político, uma pitada de vaidade e insensatez poderão colocar o Brasil em marcha ao Estado de natureza.

O discurso de Jair Bolsonaro remete diretamente à força e à virilidade, como oposição ao discurso feminista, à ideologia de gênero e contra a comunidade LGBT, simbolizada pelo suposto 'kit gay', e captados como uma afronta aos 'machos' da sociedade. Isso justifica o percentual elevadíssimo de eleitores homens, os quais se viam ameaçados em sua virilidade. Mas, se descermos ao plano psicológico do inconsciente coletivo, encontraremos em Jair Bolsonaro o *arquétipo do grande pai*, aquele que, segundo Carl Jung, "[...] faz guerra, espalha seu mau humor qual tempestade [...]. É o touro provocado para a violência ou para a preguiça apática. É a imagem de todas as forças elementares, benéficas ou prejudiciais",[36] o salvador da pátria, o macho que proverá segurança à família, o capitão com seu 'exército esmagador'. O grande pai elevado e legitimado pela religião ao *status* de Deus e mito. Entretanto, o *arquétipo do grande pai* pressupõe a fraqueza, o medo e a insegurança do filho. A necessidade do grande pai é uma projeção da fraqueza do filho. Tanto o filho como o grande pai são frágeis. Um, por necessidade e carência, o filho; e outro, o pai, por ser um simulacro criado e idealizado pelo filho, que busca sua identidade. Desse modo, o grande pai não libertará o filho, mas o tornará preso em sua representação. O grande pai se alimenta do medo do filho fascinado por sua virilidade e também pelo desejo de querer ser igual a ele. Uma ilusão dos seus delírios. O Brasil é o filho que busca na representação do grande pai sua redenção.

O medo é um sentimento evolutivo de sobrevivência, ativado institivamente, a cada vez que se é ameaçado, gerando posição de defesa ou fuga. Tem localização precisa em nosso cérebro, situado no sistema límbico, na amígdala. O sistema límbico é a parte do cérebro responsável pela "elaboração e comando de reações emocionais a partir de resultado da análise do estímulo externo",[37] enquanto a amígdala é "o centro identificador de perigo, gerando medo, ansiedade e colocando-nos em situação de alerta, prontos para fugir ou lutar".[38] É essa disposição biológica que foi explorada por Jair Messias Bolsonaro mediante o discurso do 'eles contra nós', do 'Brasil vai se tornar uma Venezuela', do 'PT é comunista', da 'esquerda é comunista, e a direita é liberal', além de canalizar o sentimento antipetista com falas como: 'vamos metralhar a petralhada'. Bem como

---

36 JUNG, Carl Gustav. *Volume X/3: civilização em transição*. 3. ed. Petrópolis: Vozes, 2007, p. 39.

37 GONZAGA, Alessandra. *Inteligência emocional*. Porto Alegre: AGE, 2010, p. 42-43.

38 *Ibidem*, p. 43.

a onda conservadora moralista através de *fake news,* principalmente via WhatsApp, formando o 'exército Bolsonaro'. Esse discurso mexeu com sentimentos, ressentimentos e memórias do passado recente do Brasil e transformou o cenário político em uma arena de disputas por mentes.

O arquétipo do grande pai absorve a indignação do cidadão do 'contra tudo que está aí'. Para resolver a situação do *establishment* é preciso alguém forte, firme e durão: o capitão. Esse desejo está vinculado à necessidade de autoridade, mas também é a ponte para o autoritarismo. Num cenário de debilidade democrática e banalidade do mal,[39] os cidadãos não percebem o risco iminente. Isso foi refletido na estatística da pesquisa Data Folha,[40] em que há uma percepção distorcida da democracia. Segundo a pesquisa, 76% dos eleitores evangélicos acham que Bolsonaro é autoritário, mas também o que mais defende a democracia, na opinião de 57%. Uma contradição nos termos e no conteúdo. Se é autoritário, é antidemocrático, pois a democracia pressupõe diálogo, debate e consenso. Defender a democracia significa resguardar a dignidade humana, as diferenças, os direitos civis e bem-estar social. Isso não se deve somente a uma confusão na percepção da diferença entre autoridade e autoritarismo, mas é uma distorção dos valores democráticos, ou seja, defende a democracia não porque esta é valorosa, mas porque ela é um simulacro para sua própria subversão.

Portanto, Bolsonaro não pode ser visto apenas como um político insignificante, mas como um simulacro da mentalidade alimentada por estes dois veios históricos: o escravista e o militar. Isso se refletiu em suas estratégias políticas de estímulo à violência e ao sectarismo. Tal estratégia se manterá como dialética necessária à sobrevivência do governo, como luta entre o bem e o mal, como tentativa e erro, como confronto belicoso, como ambiguidade e contradições no discurso para desorientar e desfocar a atenção daquilo que é importante. Enfim, um governo de hipóteses para um Brasil de fato.

---

[39] Conceito desenvolvido por Hanna Arendt na obra *Eichmann em Jerusalém*: um relato sobre a banalidade do mal. São Paulo: Companhia das Letras, 1999.

[40] Pesquisa eleitoral registrada no STE sob o código BR-07528, e publicada em 18 de outubro de 2018.

3.3. BOLSONARO É A TERAPIA CULTURAL E POLÍTICA DE QUE O BRASIL PRECISAVA

É inegável que a polarização direita vs. esquerda[41] é necessária à democracia. E mais essencial se torna quando o próprio cidadão, seja de direita, seja de esquerda, as contrapõem na arena eleitoral de disputa pelo poder, pois revelam visões de mundo e sinalizam destinos para a nação. Nesse momento, qualquer que seja o movimento iminente, é produto da diversidade e dinamicidade democrática.

Bolsonaro, que é resultado do antipetismo por um lado e, por outro, resultado do conservadorismo, principalmente da classe média, do colapso das instituições e crise democrática – em todos os casos, como disse o jornalista Juremir Machado, trata-se de uma 'mentalidade'[42] – presenciou, em 29 de setembro de 2018, a resistência das mulheres, no ato 'Mulheres contra Bolsonaro', impulsionada pela #EleNão (organizada, exclusivamente, por mulheres nas redes sociais em todo o país). Um movimento que é resultado do liberalismo, rejeição à violência, ao discurso de ódio e misoginia. No entanto, é fundamental entender que ambos, Bolsonaro e as mulheres, são produtos da democracia.

Ainda que ambos movimentos sejam democráticos na forma, é mister perguntar qual deles é mais democrático, no sentido da finalidade e dever do Estado de governar para todos e pelo bem de todos. Enquanto representante do conservadorismo, Jair Bolsonaro condensa em seu simbolismo tudo aquilo que é contrário à saúde mental e bem-estar social, pois o que conserva é degenerado. Mas também nunca foi tão necessário à democracia e à cultura brasileira, não por ter sido a melhor saída política para o país, mas por trazer à tona valores e forças sociais, até então, invisíveis ao olhar leigo e especialista. Com ele, parte do inconsciente coletivo foi manifesto como perverso e rancoroso. Ele foi a canalização do ressentimento e do ódio. A terapia cultural e política de que o Brasil precisava. Um simulacro de extensão psicológica e cultural de uma democracia golpeada. O efeito colateral de uma democracia que tentou suicídio.

---

[41] Essa díade deve ser compreendida aqui na acepção desenvolvida por Norberto Bobbio em sua obra *Direita e esquerda: razões e significado de uma distinção política*, "em que a pessoa de esquerda é aquela que considera mais o que os homens têm em comum, do que o que os divide, e de que a pessoa de direita, ao contrário, dá maior relevância política ao que diferencia um homem do outro […] para a pessoa de esquerda a igualdade é a regra […] para a pessoa de direita, […] a desigualdade é a regra" (São Paulo: Editora Unesp, 2001, p. 23).

[42] Artigo publicado no jornal *Correio do Povo* sob o título "Bolsonaro é uma mentalidade", em 20 de setembro de 2018.

IMAGEM 5 – MANIFESTAÇÃO, 29 DE SETEMBRO DE 2018[43]

Graças a esse efeito catártico, outra parte da alma cultural, psíquica e política do país veio à tona, como contraponto e resgate. Quem, talvez, tenha maior conhecimento da moral de uma cultura ou sociedade, senão as mulheres? E que agora perceberam as consequências do moralismo conservador – parte delas – que ameaça não só sua dignidade, mas o bem-estar familiar e social que também protege e cuida. O movimento 'mulheres contra Bolsonaro' representa a afirmação da dignidade e liberdade das mulheres perante um símbolo que as nega e, ao mesmo tempo, seu poder político e de voto, que corresponde a mais de 50% do eleitorado no país. As mulheres, aos poucos, estão redirecionando o curso da democracia. Ao resgatar o respeito à sua dignidade e poder político, restituíram à democracia brasileira um pouco da sua.

Aqui cabe ressaltar, ao contrário do que pensam os conservadores e os cristãos neopentecostais: a decadência dos valores tradicionais não se deve à esquerda pela valorização das diferenças e minorias da sociedade, mas é resultado do processo de subjetivação do projeto capitalista neoliberal, que a própria teologia da prosperidade alimenta. Aos conservadores há que se aplicar a dialética do senhor e do escravo tematizada por Hegel, em sua obra *Fenomenologia do espírito*, quanto à inversão da consciência, ou seja,

---

[43] Lia Bianchini, para Brasil de Fato.

o conservador é um 'escravo' que se acha 'senhor' e age como tal, sem se dar conta de sua escravidão e servidão àquilo que conserva. Deus será a verdade que resgatará tais valores, enquanto for simulacro do dinheiro?

Outro momento catártico, que revelou os simulacros da política no Brasil, foi o segundo turno das eleições presidenciais de 2018. Em vinte quatro horas, as duas maiores forças da alma humana, o ódio e o amor, tomaram conta dos corpos em movimentos em ruas e avenidas pelo país. Ao som de músicas, buzinas, berros, gritos e choros, os eleitores vencedores extravasavam ressentimentos e 'nojo' dos 'esquerdopatas' comunistas, socialistas e petistas. O ódio foi elevado à potência. Algo muito humano. Porém, construído nas entranhas do poder e da elite, revelador de tudo que se negava: preconceito a negros, LGBTs, pobres e nordestinos, além de evidenciar décadas de separação simbólica e política entre Norte/Nordeste e Sul/Sudeste. Os resultados do ódio foram as vísceras expostas da sociedade. É possível inferir daí que, se a elite e a classe média brasileiras, ou parte dela, fizerem terapia com o passado, descobrirão que não são vítimas, mas causa da pobreza material e simbólica do país. Desse modo, a vitória de Bolsonaro legitima o simulacro que se tornou a política no Brasil, além de colocá-lo como simulacro político da direita, revestido de fé e ódio.

A política é coisa humana, mas tem certos humanos que são indesejáveis na política, porque transformam as virtudes políticas em vícios. O pensador iluminista Bernard Mandeville, em a *Fábula das abelhas*, já fazia esse alerta: "E a virtude, que, com a política, aprendera milhares de truques ardilosos, foi, graças à feliz influência, tornando-se amiga do vício: desde aquele dia o pior tipo de toda a multidão para o bem comum contribuía".[44]

O efeito catártico de Bolsonaro atingiu os campos políticos da direita e da esquerda. Na direita, minguou os dois maiores partidos, PSDB e MDB (antigo PMDB), e deles restaram alguns políticos, que para sobreviver tiveram que beber do cálice de ódio de Bolsonaro, como Doria, no Estado de São Paulo. A direita se lambuzou no ódio. O efeito na esquerda causou desconforto. Além de fragmentar as forças partidárias, fez emergir a crítica ao PT de dentro do campo de força, via PDT. A crítica que o PT não fez com vigor, coragem e humildade de quem não possui a verdade, foi forçada pelo sofrimento da perda. O ódio ao PT impôs à esquerda a autocrítica. Mas também reativou as virtudes de coragem, esperança e resistência ao

---

[44] MANDEVILLE, Bernard. *A fábula das abelhas: ou vícios privados, benefícios públicos*. Tradução de Bruno Costa Simões. São Paulo: Editora Unesp, 2017, p. 29

ódio, canalizada em três pessoas: Fernando Haddad, Guilherme Boulos e Ciro Gomes. Além de criar uma corrente de solidariedade entre grupos e minorias sociais. Um novo elemento político que não tinha, até então, consistência na democracia brasileira. O ódio fez renascer o *vínculo solidário de cuidado* com o outro na esquerda, materializado em imagens e neste *slogan: ninguém larga a mão de ninguém*. Algo a ser observado com acuidade, porque, do ponto de vista antropológico e sociológico, essa virtude é o antídoto ao egoísmo e fascismo.

É bom lembrar que ambos sempre estiveram presentes, alternadamente, na evolução do homem. A solidariedade se desenha na esquerda como a virtude necessária à resistência, como instinto de sobrevivência, que forçará os partidos a voltarem-se às bases para redesenho de seus projetos para o Brasil, sob o risco de perder referência representativa e força política; enquanto na direita o ódio e o autoritarismo despontam no horizonte como estratégia política assumidamente.

As eleições no Brasil, em 2018, se compararam a *dois minutos de* ódio, filme catártico da obra *1984*, de George Orwell. Assim descreve o literato: "[...] O mais horrível dos dois minutos de ódio, não era o fato de a pessoa ser obrigada a desempenhar um papel, mas de ser impossível manter-se à margem".[45] E continua o escritor: "Um êxtase horrendo de medo e sentimento de vingança, um desejo de matar, [...], parecia circular pela plateia inteira como uma corrente elétrica, transformando as pessoas, contra sua vontade, em malucos a berrar, rostos deformados pela fúria".[46]

Na política, a metamorfose do ódio é a banalidade do mal, chefiada pela intolerância e autoritarismo. Esse pode não ser o fim do mundo, mas o início de uma autocracia conservadora, sectária, xenófoba, autoritária e sadomasoquista. Deve-se esperar que as instituições tenham o senso de urgência e vigor necessários, para que a vida e a democracia não sejam relativizadas.

---

[45] ORWELL, George. *1984*. Tradução de Heloisa Jahn e Alexandre Hubner. São Paulo: Companhia das Letras, 2009, p. 25.

[46] *Ibidem*, p. 25.

IMAGEM 6 – MANIFESTAÇÃO PRÓ-BOLSONARO, 28 DE OUTUBRO DE 2018[47]

3.4. MÍDIA E SIMULACRO

A mídia no Brasil é um simulacro onipresente no imaginário da população. O seu poder de fascinação imagético é predatório e violento. Apropria-se de tudo e de quase todos – para os mais atentos, a saída é uma terapia da linguagem – por seus mecanismos de manipulação psíquica e exército de analistas que buscam convencer o telespectador com enredos lógicos e, quase sempre, coerentes. A hermenêutica jornalística tem lado.

Em 2017, a Rede Globo de televisão iniciou o ano com lavagem mental nos telespectadores com intenção clara de convencê-los, pelo discurso imagético e comparativo, sobre a urgência, a necessidade e a impreterível reforma da Previdência. A intencionalidade da série especial do *Jornal Nacional* (JN) era mais previsível que as novelas.

Episódio 1 (02-01-2017):

Dados comparativos Brasil/Europa, contrastes de percepções sobre a velhice – enquanto a Europa enriqueceu para envelhecer, o Brasil envelhece com pobreza –; aumento exponencial da velhice e diminuição da média de filhos de 6 para 2 em 50 anos; apresentação de

---

[47] Edilson Omea, para jornal *Tribuna Hoje*.

uma família grande, de São Paulo. *Discurso pressuposto do episódio:* a velhice é uma fase linda da vida, mas, no futuro próximo, a Previdência quebrará. Não há pessoas suficientes trabalhando para manter as aposentadorias.

Episódio 2 (03-01-2017):

Urgência de preparação das famílias e dos governos; adequações de espaços internos das casas e espaços públicos para atender aos idosos – usada como convencimento uma idosa negra –; como contraste ilustrativo, a qualidade de vida dos idosos de Veranópolis (RS), que vivem mais e são ativos. *Discurso pressuposto do episódio:* famílias, Estados e municípios não estão preparados para o envelhecer; o idoso tem muito a dar de si, e não faz sentido se aposentar aos 60 ou 65 anos, pois vive mais e, por isso, deve permanecer trabalhando.

Episódio 3 (04-01-2017):

Deduzível do segundo. Mostrava idosos com mais de 70 anos trabalhando numa fábrica; outro, com 60 anos, fazendo 'bico' para complementar a renda familiar; o mesmo argumento comparativo, dessa vez com o Japão, onde o trabalho dos idosos é regulamentado, e os mesmos se sentem felizes e produtivos. *Discurso pressuposto do episódio:* o idoso ainda pode trabalhar, basta regulamentar. Assim, desafoga-se a Previdência, e se supre/substitui a mão de obra jovem, pois a do idoso é mais barata. Se acontece no Japão, pode ser feito no Brasil.

Episódio 4 (05-01-2017):

Último episódio. Continuava o episódio 3 e afirmava a mesma tese: idosos vivem mais e podem trabalhar; precisam de capital financeiro (leia-se previdência privada); o salário mínimo não possibilita fazer poupança. *Discurso pressuposto do episódio:* os idosos viverão mais e podem trabalhar até os 90 anos de idade. Por isso, a reforma da Previdência é necessária e nas condições propostas pelo governo – 49 anos de trabalho.

A série inteira é um simulacro. Nega a diversidade de realidades de condição de vida e trabalho do brasileiro nos diferentes Estados do país, propositalmente. Os idosos apresentados na série eram apenas das regiões Sul e Sudeste do país. Além de ter lançado mão do 'modelo' como simulacro para distorcer a realidade, as mensagens subliminares levam o indivíduo a acreditar que é necessária uma reforma, que a Previdência não é suficiente para viver a velhice, e, portanto, precisa ter uma previdência privada. Como o idoso viverá mais, deve trabalhar mais e se aposentar bem mais tarde, com 49 anos de trabalho como idade mínima necessária – o que não foi levado a cabo, naufragou no Congresso.

Quando se volta para as comissões e debates no Congresso Nacional, observa-se que quem está à frente das negociações para as mudanças no sistema de previdência são os maiores fornecedores de previdência privada do país. Enquanto, no discurso, o presidente Michel Temer e seus aliados, disseminavam nas mídias a informação de que a reforma era para beneficiar os mais pobres e igualar a todos num sistema único, uma enxurrada de propaganda ameaçava a perda de direitos e programas sociais. Uma simulação que não convenceu a população por seus altos graus de cinismo e manipulação, característicos de simulacros.

É inacreditável o poder que a imagem tem de fascinar, encobrir e distorcer a realidade. Não é por nada que Platão a considerava falsa, algo da ordem do aparente, do simulacro. A Globo não parou por aí. Lançou mão da estratégia eficiente de transformar o verdadeiro em falso, e, o mentiroso, revestido de realidade, novelizando fatos, tragédias e informações. Os casos emblemáticos foram as manifestações de 2013, manipuladas e usadas para impetrarem o *impeachment* à presidente Dilma Rousseff; o caso do triplex envolvendo Luiz Inácio Lula da Silva, revestindo ausência de fato em condenação por *domínio do fato*;[48] os desfiles das escolas de samba, principalmente a *performance* crítica da Tuiuti, no carnaval de 2018, com enredo sobre a escravidão e os desmontes dos direitos sociais pelo governo Temer, que a Globo e outros meios não comentaram, não cobriram com tomadas empolgantes; o caso do assassinato político de Marielle Franco, em que a Globo descontextualizou, omitiu e novelizou para esvaziá-lo de sentido político e proteger a intervenção militar no Rio de Janeiro, tornando-o um simulacro, um fato de homicídio como qualquer outro naturalizado.

---

[48] Essa teoria jurídica foi fartamente divulgada na mídia e envolve a questão da autoria. De acordo com o jurista Pablo Rodrigo Alflen, em sua obra *Teoria do domínio do fato* (São Paulo: Saraiva, 2014, p. 245-246), "a ideia de domínio do fato se aplica aos crimes dolosos. Isso não significa que a teoria do domínio do fato seja uma teoria do dolo, o que ocorre é que o resultado nos crimes culposos não é praticado por uma conduta orientada à sua causação, mas sim é *decorrente de um déficit de domínio do fato em relação ao resultado*"; ou seja, quando não há comprovação dolosa, pode-se condenar por crime culposo como se fosse doloso. Imputa-se um dolo pelos resultados aos quais o indivíduo não conduziu.

Em uma leitura mais atenta desse simulacro manipulado pela Globo, observa-se que ele é mais profundo, está no imaginário violentado do passado escravista do Brasil, em que a negação do indivíduo se torna a sua própria culpa, uma psicologia perversa em que "o círculo de dominação se fecha quando a própria vítima do preconceito e do abandono social se culpa por seu destino, que foi preparado secularmente por seus algozes".[49] A resignação, o recurso à festa e à apologia necrofílica e a atitude pacífica diante da violência são usados pela mídia contra as pessoas, pela identificação e ativação do ódio e do medo.

3.5. ARMADILHAS DO FUTURO QUE A VEJA DESEJA PARA O PAÍS

Não só a TV opera como simulacro, os veículos de mídia impressos também lançam mão do mesmo mecanismo. A revista *VEJA* em várias edições, em suas páginas amarelas e editoriais, operou o simulatório, o aparente e o ilusório do simulacro. No editorial da edição de 24 de agosto de 2016, a *VEJA* protagonizou mais uma façanha com uma retórica ardilosa. Sob o título de *um futuro comum*. Ela queria que o país esquecesse a polarização latente entre os brasileiros, esquecesse que existe direita e esquerda, esquecesse o *impeachment*, e que os sentimentos decorrentes dessa dissonância, "a arrogância dos vencedores e intolerância dos vencidos", fossem "substituídos por generosidade e humildade". Analisemos trechos do simulacro discursivo: "reconciliação nacional, de modo que os brasileiros possam voltar a conviver no palco político sem rancores tribais".

A *VEJA*, a *ISTOÉ*, *O GLOBO*, a *FOLHA*, a REDE GLOBO, o SBT e a BAND trataram o *Impeachment* como guerra entre tribos. Com artilharias pesadas de manipulação, assassinatos de reputações, construções de fatos, parcialidade, manipulação de manifestações populares, criaram a discórdia e fizeram emergir a polaridade esquerda/direita, Norte-Nordeste/Sul-Sudeste. Insuflaram o clima perfeito para a discórdia e ódio. Moldaram uma consciência falsa, pois ela não é crítica, como ela mesma admite, algo "que lhe é dado ter" e, de fato, uma mente manipulada não pode fazer escolhas autônomas e livres. Não é a nação que tem que se reconciliar, mas a infame mídia, que se ressente.

Vejamos: "buscar uma visão comum de futuro, capaz de pairar sobre os inevitáveis fossos ideológicos" – visão comum para quem? Que visão? A

---

[49] SOUZA, Jessé. *A elite do atraso: da escravidão à Lava Jato*. Rio de Janeiro: Leya, 2017, p. 101.

visão comum de futuro baseada no projeto neoliberal jamais superará o fosso ideológico, pois sua própria ideologia alarga-o exponencialmente. E porque a fenda ideológica no país se chama pobreza, miséria, marginalização, menos direitos e distribuição de renda, enfim, desigualdade. O que sustenta a ideologia, por violência travestida de legalidade, governa o país. A visão comum só será possível quando vier do cidadão e for convertida para este.

Mais: "eleitores que votam com 'sabedoria' [...]" e aqueles "que mal sabem o que fazem dentro da cabine de votação" – se os eleitores, ditos sábios, votam com a consciência ou cabeça feita por *VEJA, ISTOÉ, O GLOBO*, a *FOLHA*, a GLOBO, o SBT e a BAND, onde está a inteligência dessa razão, se ela mesma é manipulada? Uma razão que não sabe de si mesma é tola e ingênua, nem mesmo pode ser chamada de inteligência. Os ignorantes que mal sabem – o que não se sustenta na realidade – podem, talvez, serem mais sábios, por fazerem escolhas, segundo suas necessidades e não segundo interesses alheios aos seus. A violência simbólica operada pela mídia nesse plano tem outra finalidade – subjugar e dominar pela negação do outro.

E, por fim: "combate a corrupção [...] luta contra a brutal desigualdade social no Brasil" – essas duas questões não unirão o país em torno da ideologia neoliberal, pois a superação delas requer ideologia oposta, democrática, do povo para o povo e não de alguns para alguns. A desigualdade é consequência da ideologia egoísta que se quer passar por solidária para, depois, se converter em benefício próprio, mesmo que isso custe direitos e garantias constitucionais da maioria. Esse mesmo mecanismo se aplica à corrupção, mantém-se o combate no discurso, com o aparato midiático para garantir a permanência dos corruptos, pela legalidade. Ora, a elite neoliberal, no Brasil, é imoral por natureza sistêmica.

Tributo ao simulacro que a *VEJA* representa bem, foram suas páginas amarelas da edição de maio de 2016. Nelas, a revista faz um tributo, em nove páginas e um editorial, ao sentido da visão. Ela se considera, *com orgulho, os olhos do Brasil*. Em sua tola ignorância, deveria saber que os sentidos, desde o alvorecer da racionalidade ocidental, são fontes de ilusões, falsas impressões, e que a razão sempre procurou superá-los. Mas essa é sua arte – criar ilusões –, para que aqueles que se orientam apenas pelo senso comum e pelos sentidos julguem verdadeiras.

A *VEJA* constrói a 'verdade' com a mentira. Esse é o mesmo mecanismo que a mídia, principalmente, a Rede Globo de televisão, com seu arsenal de violência simbólica de especialistas do *Jornal Nacional*, GloboNews e *Jornal da Globo*, envolvem a população em sua embriaguez hermenêutica. Mas, com um pouco de razão, os olhos não se sustentam, e a ilusão é despida. Nem de longe a *VEJA* é fonte de verdade e credibilidade. Seu orgulho não é uma virtude, mas a expressão de uma moralidade infame. Nela, ousaria dizer que notícia será sempre notícia, mas jamais história verdadeira e muito menos conhecimento. Ela pode ser os olhos, mas jamais a razão do Brasil.

Outro exemplo de como a mídia no Brasil opera como simulacro foi estampado em quatro edições da revista *VEJA*. Nelas, a revista evidenciou um dos mecanismos de manipulação das mentes mais simples e perverso: negação, omissão e substituição de um fato por outro. Desvia-se a atenção dos leitores para outros fatos de menor ou maior relevância fora do contexto daquele que não quer que o leitor tome conhecimento, causando a ilusão de que nada acontece ou está tudo bem. Com esse mecanismo criam-se memórias falsas, de modo que o fato anunciado não é, de fato, o fato que importa.

ANO 49, EDIÇÃO 2.479, N. 21, 25 DE MAIO DE 2016.

ANO 49, EDIÇÃO 2.481, N. 23, 8 DE JUNHO DE 2016.

ANO 49, EDIÇÃO 2.482, N. 24, 15 DE JUNHO DE 2016.   ANO 49, EDIÇÃO 2.482, N. 27, 6 DE JULHO DE 2016.

A primeira edição foi sobre a 'pílula do câncer', que visava, claramente, esconder os vacilos de Temer ao estrear como interino; a segunda edição foi a 'safra de delações' – enquanto manifestações contra o estupro e "fora Temer" se espalhavam pelas ruas do país, Marcelo Odebrecht estampava a capa da revista sem nenhuma vinculação causal; a terceira edição, 'pedofilia na Igreja' – no momento em que a Lava Jato chegava à oligarquia do PMDB – atual MDB, um fato, politicamente explosivo, era substituído por outro, simbolicamente imoral –; a quarta edição, evidenciava ainda mais esse mecanismo, 'a luta de João de Deus contra o câncer' – enquanto o governo interino desmontava os direitos sociais e iniciava o processo de privatização, desviava-se a atenção do telespectador para algo comovente de um sujeito sem relevância política para o país.

Não basta ver, simplesmente, é preciso pensar radicalmente. A mídia é um simulacro de interesses não confessos.

3.6. SOCIEDADE DE REBANHO: MENTES MIMÉTICAS

Vive-se em uma cultura e sociedade de rebanho. Uma sociedade de mentes miméticas. Pensamentos e comportamentos padronizados. Uma ditadura do igual. Intimamente ligada ao avanço tecnológico ao qual chegamos.

A cultura de massa, a qual vivemos, padroniza e pasteuriza tudo para atingir o gosto. Ao atingir, busca identificar o gosto médio de um número X de pessoas e as tornar consumidoras. O gosto médio gera um comportamento médio com o qual a média se identifica e se replica em pensamentos, hábitos e costumes compartilhados.

A imitação e a repetição fazem parte da base de aprendizagem moral e cognitiva do homem e ocorrem de forma quase inconsciente em suas relações sociais. Essa condição natural, aliada a objetos e instrumentos interativos produzidos para uso da massa, influencia diretamente o comportamento de rebanho do qual padece a sociedade atual. Adorno e Horkheimer já alertavam para os efeitos alienantes da indústria cultural.[50] No cinema, os filmes seguem, quase sempre, o mesmo enredo. As séries de TV se tornaram as mais influentes literaturas virtuais padronizantes do pensamento único, seguidas dos jogos virtuais, celulares e redes sociais. Mimetizando mentes e gostos nas redes sociais, os *memes* são disseminados como vírus. Perfis falsos, aos milhares, se aglutinam, seguem e replicam, de forma a relativizar fatos e verdades, pois estes já não importam mais.

O que resulta dessa padronização virtual e cultural são o comportamento e a mentalidade de rebanho. As pessoas passam a se orientar e a seguir comportamentos alheios como seus, porque se identificam e, portanto, o repetem. Como disse Nietzsche, o homem de rebanho é um "bicho-anão de direitos e exigências iguais".[51] Esse comportamento apequena o homem e sua ação política. Nesse aspecto, impulsionada pelas *fake news*, a racionalidade política deu lugar à animalidade, ao irracional e ao ódio, seguidos como verdade moral por milhares de pessoas. Como um rebanho à deriva do precipício, as pessoas, simplesmente, seguem.

O uso irracional, por repetição, das redes sociais, torna aquele que imerge nela passível de manipulação. Sob o julgo dos algoritmos, sentimentos, formas de pensar e se posicionar diante do mundo são transformados em padrões numéricos para fins de negócios, *marketing* comercial e político. O exemplo mais contundente é a metodologia Cambridge Analytica, denominada de OCEAN,[52] e usada na campanha política de Donald Trump,

---

[50] Cf. ADORNO, Theodor W. *Dialética do esclarecimento:* fragmentos filosóficos. Rio de Janeiro: Zahar, 1985, p. 99-138.

[51] NIETZSCHE, Friedrich Wilhelm. *Além do bem e do mal.* Companhia do Bolso, 2019, aforismo 203.

[52] Seus representantes nos Estados Unidos e no Reino Unido são Steve Bannon e Alexander Nix; no Brasil é o publicitário André Torretta. OCEAN refere-se às

nos Estados Unidos, e de Bolsonaro, no Brasil. O método é simples e está baseado no perfil psicológico das pessoas. É a partir desse referencial que se customizam as campanhas para cada perfil. Ou seja, milhares de pessoas optam, seguem e julgam não porque escolheram livremente, mas porque foram manipuladas, induzidas a escolher por aquilo que postam, curtem, compram, acessam e compartilham nas redes sociais, enfim, por aquilo que querem ver e não pela verdade. A questão filosófica que se coloca para a democracia atual é: como ser livre em uma sociedade que se orienta por simulacros virtuais e quais seus limites éticos?

Dentre os meios de comunicação, a rede social que mais exerceu influências nas eleições presidenciais de 2018 foi o WhatsApp, um aplicativo que opera externamente aos controles do Estado, mas com grande influência no âmbito privado dos indivíduos. O aplicativo facilita uma característica cultural do brasileiro: a fofoca. Organizado em formato de grupos fechados, possibilita que informações falsas, aliadas à fofoca, se espalhem com rapidez, potencializando, ao mesmo tempo, o clima de ódio e personalização. Durante a campanha, tanto da esquerda quanto da direita, as *fake news* formaram opiniões de milhões de eleitores; e o Partido Social Liberal (PSL) foi o que mais praticou esse tipo de desinformação como estratégia política. O WhatsApp se tornou o mais novo simulacro, uma caverna de desinformação imagética baseada em *memes*, um simulacro que atrofia a mente. As mentes que se informaram com a imagética simulacral do WhatsApp foram manipuladas. Converteram-se a si mesmas em simulacros de mentiras. Entorpecidas pelo ódio, não foram capazes de colocar a razão acima dos sentidos. Imersos em seus sentimentos, preferiram manter-se presos em seus simulacros moralistas e de ignorância.

O que está acontecendo na política no Brasil é sintoma da sociedade de rebanho, na qual a imagem se tornou o simulacro degenerativo da verdade e do fato. Um risco iminente à democracia, mas um alerta à sua sobrevivência, desde que os cidadãos saiam das bolhas ilusórias dos simulacros políticos, midiáticos e históricos de ódio e passem a fazer uso da razão.

---

iniciais de *openness* (mede a abertura da pessoa a novas experiências), *conscientiousness* (conscienciosidade), *extraversion* (extroversão), *agreeableness* (amabilidade) e *neuroticism* (instabilidade emocional ou o quão neurótica a pessoa pode ser).

4. RELIGIÃO COMO SIMULACRO POLÍTICO

Subjaz a todo projeto político uma religião ou denominação religiosa que o sustenta moralmente. Na Grécia antiga, o poderio de Alexandre, o Grande, era sustentado pela crença politeísta dos deuses gregos. Em Roma, o poder dos reis era sustentado pela moral religiosa politeísta, porém, com o advento do cristianismo, durante o governo de Constantino (306 a 337 d.C.), o poder político passou a ser embasado pelo monoteísmo judaico-cristão. Essa vinculação entre religião e política continuou, no Ocidente, durante toda a Idade Média. No século XVI, o cristianismo se dividiu em católico e protestante, com a reforma luterana. O protestantismo floresceu na Inglaterra e na Alemanha e passou a embasar a moral e a política desses países e de lá se espalhou pelo mundo. Mas esse não é um fenômeno somente do Ocidente, ele também ocorre no Oriente: a exemplo do regime parlamentarista, na Índia, que tem como base moral religiosa o budismo; e as teocracias da África e Oriente Médio, com o islamismo.

A moral religiosa dá sustentação ao poder político porque esta é um *componente existencial* da vida humana, além de ser um recurso terapêutico aos sentimentos morais, decorrentes das relações sociais. A condução política dos grupos influi diretamente sobre essa busca. O sentido da vida humana está ligado também à vida em sociedade. Quem cuida do sentido da vida individual e comunitária são, em certa medida, a religião e a política. A primeira, pela via interior e espiritual; e a segunda, pela via da ação e uso do poder. Ambas convergem na moral de um povo. É a partir desse fato que se pode entender a grande influência dos evangélicos na política brasileira e o avanço do conservadorismo no cenário atual.

No Brasil, esse pressuposto está representado nas diferentes ramificações do cristianismo. Boa parte da direita se embasa no protestantismo calvinista, nas denominações evangélicas neopentecostais e seitas como a maçonaria. A moral dessas denominações religiosas, *grosso modo*, pressupõe que a salvação dos fiéis é dada pela fé e prosperidade a partir do trabalho como resultado do esforço individual. Nesse sentido, a fé se avizinha ao egoísmo. Um sentimento natural fundado na psicologia do eu. Uma propriedade que se estende do corporal ao social, expressa na linguagem egoica do 'isto é meu', ou seja, da propriedade privada. Essa dimensão moral foi absorvida e usada pelo sistema capitalista, que parte de pressuposto similar de que o trabalho é gerador de riqueza, mediante o esforço individual. E, portanto, é justo que haja concentração de riquezas. Não há mérito coletivo, somente individual.

A esquerda, sob os efeitos da Revolução Francesa, incorporou o cristianismo e sua vertente católica. O marco dessa virada foi a encíclica *Rerum Novarum* (1891), a qual impulsionou a ação da igreja no terreno social, principalmente, das classes trabalhadoras. A América Latina, no século XX, com a renovação do Concílio Vaticano II (1961-1965), incorporou a teologia da libertação, embalada pelo espírito renovador do evangelho de retorno aos *pobres*. Uma espécie de humanismo cristão, ancorado no personalismo do filósofo Emmanuel Mounier. No Brasil, os principais pensadores e teólogos dessa perspectiva são Leonardo Boff, Dom Helder Câmara, Dom Pedro Casaldáliga e Frei Beto, entre outros. No âmbito político, os partidos que se alinharam a essa inspiração moral foram o PT, PCdoB, PSB e PDT. Essa perspectiva político-religiosa é a antítese da acima mencionada. A solidariedade e o altruísmo são suas virtudes morais. A finalidade do trabalho não é o lucro pelo lucro, mas a dignidade humana. A riqueza de um país, fruto do trabalho, é de todos. Portanto, deve ser dividida e não concentrada. O mérito é resultado também do trabalho de todos. Contra essa perspectiva decorrente do cristianismo, é que Bolsonaro deferiu críticas à Conferência Nacional dos Bispos do Brasil (CNBB) chamando-a de socialista. A Igreja Católica está no horizonte de inimiga política.

Não são dois cristianismos, mas duas interpretações de uma mesma teologia. A primeira se orienta por uma leitura literal e fundamentalista das escrituras sagradas – principalmente do antigo testamento – da qual deriva seu conservadorismo; enquanto a outra, em uma hermenêutica libertadora, focada na ideia de um Deus mais humano, daí sua identificação com as causas sociais.

IMAGEM 7 – BOLSONARO EM GESTO DE ARMA NA MARCHA PARA JESUS, 22 DE JUNHO DE 2019.[53]

---

53 *Diário do Centro do Mundo.*

A estrutura social, econômica e política não pode ser compreendida sem o pano de fundo moral da religião. No contexto político brasileiro, viveu-se recentemente o vai-e-vem dessa intensa relação. As denominações evangélicas neopentecostais embasaram, doutrinária e politicamente, os políticos conservadores neoliberais, como Jair Bolsonaro, embalados pela *teologia da prosperidade*. Já a Igreja Católica – ainda sob os ares da *teologia da libertação* – e outras denominações mais alinhadas com o humanismo cristão, como a judaica, presbiteriana e as denominações de matriz africanas, se aglutinaram em torno do projeto de Fernando Haddad, como repulsa a todo tipo de ódio e desvalorização do ser humano.

O Brasil, nas eleições presidenciais de 2018, se dividiu entre Norte/Nordeste e Sul/Sudeste. Tanto do ponto de vista religioso do humanismo cristão quanto do egoísmo moralista protestante-calvinista e evangélico, faz pouco sentido os analistas classificarem o Norte e o Nordeste como socialistas e esquerdistas. Não é levado em conta que essas regiões, apesar de receberem influência desses dois veios religiosos, são Estados que têm grande influência de outras duas cosmologias e religiões distintas: a indígena e africana. Ambas compreendem o trabalho como uma forma de ligação com a natureza e não apenas um esforço físico para acumular bens como forma de salvação espiritual. O trabalho é um ato de respeito, reverência e cuidado com a 'Mãe Terra', ainda que esta lhes proporcione uma geografia da solidão. Resguardadas as exceções coronelistas que se alastraram por esses territórios, esse elemento, talvez, determine mais as escolhas dos cidadãos dessas regiões por políticos e políticas que valorizam a alteridade do que o simples reducionismo ideológico de curral eleitoral da esquerda, por serem pobres e ignorantes.[54]

---

[54] O Norte e o Nordeste, desde o século XIX, foram esquecidos do ponto de vista das políticas de desenvolvimento econômico e social dos seguidos governos. O discurso de que as pessoas dessas regiões são preguiçosas e não gostam de trabalhar soa preconceituoso e ideológico – ou, no mínimo, ignorância –, para fins de exploração da mão de obra, pela região Sul/Sudeste. A partir de 2003, com o governo Lula, as regiões ganharam impulsos políticos para solucionar os gargalos históricos de desenvolvimento econômico e social, a exemplo da transposição do rio São Francisco. Em 2014, "o PIB dessas regiões chegou a 4%, superior à média do Brasil e das regiões sul e sudeste, que tiveram crescimento negativo de -1.1%" (AGÊNCIA IBGE. IBGE em parceria com os Órgãos Estaduais de Estatística, Secretarias Estaduais e Superintendência da Zona Franca de Manaus. https://agenciadenoticias.ibge.gov.br/. Acesso em: 18 jan. 2019).

5. A POLÍTICA DE SIMULACROS

O sistema capitalista, em sua atualização neoliberal, desde a década de 90, vem minando as democracias mundo afora, de modo que não é mais o Estado que dirige a vida pública, mas a representação do capital: o mercado. As democracias são conduzidas, basicamente, por interesses econômicos. A política na democracia moderna tornou-se simulacro de interesses econômicos. E como o simulacro é duplo, além de transformar a política em um simulacro, desenvolveu-se também, como interface, uma *política de simulacros*, com estratégias e conteúdo necessários ao projeto econômico neoliberal. De acordo com Jessé Souza, "o capitalismo não pode ser compreendido apenas por sua dimensão econômica, enquanto fluxo de capital e troca de mercadorias, mas também como uma dimensão simbólica, moral e cultural comum".[55] O entrelaçamento entre religião, capitalismo e política na cultura brasileira funciona como vetor simulacral de interesses inconfessos, em que a religião, nesse contexto, tornou-se serva do capital e legitimadora de interesses políticos. Diferentemente dos católicos, que se resguardaram à função de mentores e de legitimação do discurso e práticas que valorizam os mais pobres, os evangélicos assumiram o poder, foram para dentro do Congresso, numa apropriação clara do poder político pelo poder divino,[56] refletida na constituição da *bancada evangélica no Senado* e no conservadorismo, uma espécie de simulacro da imoralidade, traduzida no chavão: ser conservador nos costumes e liberal na economia.

A vinculação do capitalismo à política e à religião contribuiu para o surgimento, na democracia brasileira, da *política de simulacro*. Um modo de fazer política que se orienta pelo falso, por interesses velados, por promessas fáceis, por discurso anti-ideológico, pela negação do politicamente correto, pela negação das diferenças e, acima de tudo, pela negação da própria política. A *política de simulacro* é um modo de fazer política que aparenta ser, que disfarça, mascara, encobre, distorce a realidade e opera segundo a máxima de que os fins justificam os meios, ainda mais quando os fins beneficiam o mercado, os interesses privados da classe política, da elite e dos Poderes da República. Esse modo de fazer política constitui o lugar comum da ação política na democracia brasileira, uma hiper-realidade que serve muito bem às estratégicas dos governos neoliberais do Estado e dos indivíduos.

---

[55] SOUZA, 2018, p. 50.

[56] A *bancada evangélica* no Congresso representa essa infiltração teológica no poder político.

Ela também é histórica. Ter forma histórica significa dizer que a *política de simulacro* é uma construção intencional ao longo dos sucessivos governos para fazer prevalecer o *status quo*, os valores morais e os privilégios da classe média e da elite no país. No entanto, falta ao brasileiro aquilo que o filósofo Hans-George Gadamer chamou de "consciência da história efeitual",[57] ou seja, a consciência de que somos mais determinados pelos efeitos da história e do passado do que imaginamos. Nascemos num contexto histórico moralmente determinado que molda, inconscientemente, quem somos. A falta dessa consciência, aliada à religião, aos interesses econômicos e seus simulacros, possibilita que esse tipo de política gere cidadãos alienados e idiotas.

Os exemplos mais contundentes dessa forma de fazer política no Brasil foram os governos de Fernando Collor de Mello, Fernando Henrique Cardoso, em certos aspectos os governos do PT, o golpe parlamentar de 2016, o governo de Michel Temer e o agora presidente Jair Messias Bolsonaro, eleito em 2018. Todos eles alçaram à cadeira de Presidente da República, por meio de estratégias simulacrais: cortina de fumaça, cavalo de Troia, distorções de fatos, discurso de política sem ideologia, ilusões e moral dos cidadãos de bem.

No governo Collor, a caçada aos marajás e a batalha contra corrupção, socialismo e comunismo foram os grandes simulacros para a implantação das políticas do Consenso de Washington. No governo FHC, o Plano Real – deu certo e tem seus méritos –, assim como o fantasma do comunismo e socialismo da esquerda, e a exploração do medo de transformar o Brasil numa Cuba foram os grandes simulacros para continuidade do neoliberalismo e a privataria tucana.[58] No governo do PT, a onda dos simulacros foi marcada pelas alianças com o MDB e PSDB, a tentativa de conciliação de classes, a qual foi absorvida pela vontade irrestrita do capital e sucumbiu à corrupção institucional. A corrupção foi usada contra o próprio partido, no caso do mensalão, e nas eleições de 2014, quando

---

[57] GADAMER, Hans-George. *Verdade e método*. São Paulo: Vozes, 2003, p. 397.

[58] A máxima de FHC era "vender tudo o que der para vender". Sob esse norte "o Estado passou a ser o grande Satã, semeando uma ira santa contra sua presença na economia [...] Era preciso preparar o clima para vender as estatais [...] As pessoas precisavam entender que leiloar patrimônio público seria um benefício para todos". Segundo o jornalista, o resultado foi outro: "Na prática, a teoria acabou sendo outra. O torra-torra das estatais não capitalizou o Estado, ao contrário, as dividas internas e externas só aumentaram [...] as multinacionais não trouxeram capital próprio para o Brasil" (RIBEIRO JR., Amaury. *A privataria tucana*. São Paulo: Geração Editorial, 2011, p. 37-38).

Dilma Rousseff resolveu usar a cortina de fumaça da não existência de *déficit* do Estado, o que refletiu em seu *impeachment* e, posteriormente, na eleição para presidente em 2018.

O fenômeno dos simulacros no jogo político ficou mais evidente ainda em 2016, com o golpe parlamentar, em que tanto as estratégias regimentais, como as relações políticas e a justiça – pela judicialização da política – serviram de cortina de fumaça, para criminalizar e depor a presidente, alegando crime de responsabilidade fiscal por meio das chamadas pedaladas fiscais, com o intuito de manter a corrupção do PMDB, PSDB e os partidos do *centrão*, mediante 'acordão', revelado pelo senador Romero Jucá, para colocar Michel Temer na presidência e implantar o projeto neoliberal denominado de *Ponte para o Futuro*. Porém, com ele, o simulacro se desfez. Os envolvidos se liquefizeram. O caso mais contundente foi o de Aécio Neves, que foi revelado como potencial assassino e corrupto. Ficou para história a cena de 17 de abril de 2016, na Câmara dos Deputados, quando os deputados votaram por Deus, religião, família, tortura e moralidade para proteger suas vilezas e hipocrisias. A moralidade do voto era também um simulacro. O voto era imoral.

Deposta a presidente, o vice-presidente assumiu e começou, novamente, o jogo dos simulacros políticos. O discurso das reformas da Previdência, da CLT e a despolitização da Petrobras, ataque à corrupção como necessária para garantir o bom funcionamento do Estado para o 'povo brasileiro', livrar o país da corrupção do PT e melhorar a economia. Porém, o que se sucedeu foram o desmonte da CLT com precarização e terceirização do trabalho, desmonte e privatização da Petrobras, encarecimento da cesta básica, aumento do desemprego e tentativa de desmonte da Previdência, ou seja, o discurso político de 'tirar o país do buraco' era um simulacro para implantar o projeto neoliberal. A construção desse discurso foi potencializada pela mídia nativa, sendo ela mesma um simulacro do mesmo projeto. Enquanto isso, a esquerda tentava estruturar uma narrativa de desconstrução dos simulacros com as chamadas 'verdades dos fatos', sem se dar conta de que contra simulacros não há fatos, pois os próprios simulacros se convertem neles.

A *política de simulacro* foi potencializada nas eleições para presidente em 2018, tanto pela direita quanto pela esquerda. A esquerda perdida em seus simulacros ideológicos, principalmente o PT, foi absorvida pelos simulacros das redes sociais e pelo antipetismo. Enquanto tentava apresentar Lula como candidato, sabendo que a Lei da Ficha Limpa o proibia; enquanto manteve Fernando Haddad vinculado à imagem do presidente Lula com o *slogan* 'Lula é Haddad, Haddad é Lula'; ao jogar o jogo do simulacro do *marketing*, reestilizando o material de campanha, substituindo a cor vermelha pelas cores verde e amarela. No imaginário político do 'cidadão de bem' indignado, Fernando Haddad tornara-se, de fato, simulacro de Lula.

IMAGEM 8 – LOGO DE CAMPANHA DO PT, 1º TURNO   IMAGEM 9 – LOGO DE CAMPANHA DO PT, 2º TURNO

Na direita, o candidato Jair Messias Bolsonaro, converteu-se em um simulacro com extensões culturais. Ele mesmo se apresentou como simulacro ao ser o *outsider* da política, uma vez que já atuava há mais de 27 anos. Era o velho se apresentando como novo; quando passou a usar o ódio, a violência e o preconceito para desestabilizar o humanismo da esquerda; ao ressuscitar os fantasmas do socialismo e do comunismo, manipulou o imaginário da classe média que tem pavor de se comparar a Cuba ou à Venezuela; o simulacro se estendeu às redes sociais e ao fascínio das imagens. Elas se tornaram veículos simulacrais da comunicação de mentiras, difamações e delírios, a partir dos quais muitos cidadãos formaram suas opiniões, convertendo-se a si mesmos em simulacros miméticos; o patriotismo e o nacionalismo foram usados como simulacros da democracia; o discurso da política sem ideologia – o que não existe –, alinhando-se à ideologia neoliberal;[59] a montagem do seu governo, o desenho do plano neoliberal e o alinhamento subserviente aos americanos, evidenciaram que Bolsonaro sempre foi um simulacro político, um cavalo de Troia elevado ao poder pelo antipetismo, convertido em amor ao país, com o apoio moral dos militares.

A polarização vivida nas eleições presidenciais em 2018 no Brasil é, ao mesmo tempo, consequência da política do simulacro e ofensiva à democracia. Segundo Steven Levitsky, "uma coisa é clara ao estudarmos colapsos ao longo da história, é que a polarização extrema é capaz de matar democracias".[60] O

---

[59] A negação de ideologia na política revela a existência de outra, de forma velada. Na interpretação de Ernane Maria Fiori, ideologia é "um conjunto de ideais que serve, ao mesmo tempo, para expressar os interesses das classes dominantes e para mascará-los, para com uma cortina de fumaça, confundir a consciência do povo" (*Textos escolhidos*. Vol. II: Educação e política. Porto Alegre: L&PM, 1991, p. 143).

[60] LEVITSKY, Steven; ZIBLAT, Daniel. *Como as democracias morrem*. Tradução de Renato Aguiar. Rio de Janeiro: Zahar, 2018, p. 20.

resultado desse ataque é um governo com feição civil-militar,[61] uma aliança fatídica[62] para um possível golpe, ainda que se negue. Negar sempre fez parte do jogo político dos simulacros. O governo de Bolsonaro é também um projeto de poder dos militares, os quais estavam descontentes com o tratamento que receberam durante os sucessivos governos, desde a redemocratização, que os mandou de volta aos quartéis. Isso ficou claro em números – 32 militares no primeiro e segundo escalão do governo de Bolsonaro e nas sucessivas falas do presidente, como esta, por ocasião da posse: "o que nós já conversamos morrerá entre nós. O senhor é um dos responsáveis por eu estar aqui".[63] À luz dessa afirmação, compreende-se as investidas do general Villas Boas às vésperas do Julgamento do STF que poderia tirar da prisão Luiz Inácio Lula da Silva, na rede social Twitter, em explícito tom de ameaça: "Asseguro à nação que o Exército brasileiro julga compartilhar o anseio de todos os cidadãos de bem de repúdio à impunidade e de respeito à Constituição, à paz social e à democracia, bem como se mantém atento às suas missões institucionais". A pergunta que antecede essa afirmação indica melhor o teor da manifestação: "Nessa situação que vive o Brasil, resta perguntar às instituições e ao povo quem realmente está pensando no bem do país e das gerações futuras e quem está preocupado apenas com interesses pessoais?".[64] Isso se alinha ao que Bolsonaro e os militares veem chamando de 'nova democracia', uma espécie de simulacro para manutenção de privilégios.

---

[61] Essa perspectiva é corroborada quando se analisa a composição do governo de Jair Bolsonaro. Dos 22 ministros, 7 são militares. Além disso, a tutela militar se reflete na Suprema Corte, no STF: O militar general Fernando Azevedo e Silva foi escolhido pelo Ministro Dias Toffoli para 'assessorá-lo'. Segundo levantamento do *site* Congresso em Foco (https://congressoemfoco.uol.com.br/), em 18/01/2019, no primeiro escalão são 7 ministros; 20, no segundo escalão, entre secretários ou chefes de gabinetes; e 3 em cargos de comando de estatais – Itaipu, Funai e Petrobras –, além do Vice-Presidente e do Porta Voz do governo.

[62] Refiro-me àquelas alianças descritas por Levitsky na obra *Como as democracias morrem*, em que o comportamento ou as decisões de líderes políticos colocam no poder políticos autoritários, os quais, aos poucos, subvertem a ordem democrática.

[63] Trecho da fala de Jair Bolsonaro por ocasião de sua posse no Palácio do Planalto, em 2 de janeiro de 2019, em que agradeceu ao Comandante do Exército, general Eduardo Villas Boas.

[64] VILLAS BÔAS, Eduardo. Nessa situação que vive o Brasil [...]. *S.l.*, 3 abr. 2018. Twitter: @Gen_VillasBoas. Disponível em: https://twitter.com/Gen_VillasBoas/status/981315180226318336. Acesso em: 31/03/2019.

A presença dos militares no governo provém, primeiramente, de um sentimento de pertença do próprio presidente, que foi da Academia Militar das Agulhas Negras (AMAN), mas também para lhe conferir seriedade, rigor e força à sua personalidade tosca. Ainda assim, é simbólica, pois os coloca como retaguarda ao governo e sinaliza à sociedade civil e à esquerda para terem menos ousadia. Uma composição perfeita para a configuração de uma autocracia. Nesse sentido, os militares são simulacros, pois não estão lá só por competência técnica e reconhecimento, mas por vontade de poder político e preservação de seus privilégios.

A *política de simulacro* é uma estratégia histórica na política brasileira que ganhou diferentes configurações para efetivar sucessivos golpes e sabotagem à democracia – à soberania popular –, como atestam os golpes de 1954 (ainda que fracassado), de 1964 e de 2016. Essa política remonta ao ressentimento de 130 anos atrás, decorrente da abolição da escravidão. A política do simulacro foi e é praticada com a finalidade de excluir e manter os cidadãos na ignorância educativa e política, facilitando, assim, a manipulação das consciências e a perpetuação dos privilégios da classe média e da elite. Ela se tornou um ingrediente fundamental do jogo de poder, potencializada pelos interesses do neoliberalismo, do conservadorismo e da ofensiva protofascista em ascensão no Brasil.

A *política de simulacro* aglutina em seu bojo as racionalidades que, hoje, se articulam na direita: a racionalidade militar, a neoliberal, a religiosa neopentecostal e a racionalidade estetizante das mídias sociais, que se reflete na espetacularização da justiça e da lei, convertendo-a em satisfação do desejo de vingança e punitivismo, além de transformar juízes em super-heróis, como os casos de Sérgio Moro e Deltan Dallagnol. Outro caso que ilustra bem a estetização e diluição do fato em imagens é o caso do 'Japonês da Federal', que, ao ser *memetizado*, viralizou, foi diluído pela virtualização da imagem e deixou de existir; há ainda a estetização da ignorância pela *memetização*, folcrorização e banalização do ódio, impulsionadas pela imagem como descarrego e catarse dos ressentimentos subjacentes a essas racionalidades, na forma de *memes*. É através da estetização que a direita está buscando construir um novo enredo para chegar ao poder e manter-se nele. Os simulacros estão nos discursos contra-históricos, como: 'nazismo e fascismo são de esquerda', 'não houve ditadura no Brasil', 'o golpe de 1964 foi para salvar o Brasil do comunismo' e, portanto, deve ser comemorado; a cultura, o conhecimento e a academia são falsos, pois são produto do 'marxismo cultural'. Dessa lógica derivam-se o anti-intelectualismo, a apologia a ignorância, exaltação do senso comum e do irracional, bem como a naturalização do absurdo. As articulações dessas racionalidades vinculam-se, desse modo, à política do simulacro para negar o mínimo de racionalidade democrática, uma vez que esta requer diálogo, debate, consenso e confronto de ideias. No entanto, há que se ter em mente que, por trás da estética do poder, existe uma *vontade de poder*.[65]

A *política de simulacro* é resultado, portanto, da convergência de inúmeros fatores, que vão desde estratégias de desinformação e convencimento pela via da mentira, virtualização do real, criação e combate a inimigos inexistentes, interesses privados para manutenção de privilégios aliados ao neoliberalismo, uso da religião, do patriotismo de fachada, conservadorismo e ódio, com a finalidade de desmontar o Estado e a democracia, transformando-os em simulacros de si mesmos. A política do simulacro, aliada aos simulacros do capitalismo, degenera o poder e a própria política.

Em última instância, é uma ofensiva à democracia, fundamentalmente, aos direitos, liberdades e soberania do país. Um ataque nuclear, de dentro de si por si mesma, com suas armas e estruturas, legitimado pelo voto e pela lei.

A democracia, no Brasil, é um simulacro em destruição.

---

[65] Conceito derivado da filosofia de Nietzsche, usado para significar a força motriz que move a vida do homem, a ambição e o desejo de poder, como ele próprio afirma em Zaratustra: "onde encontrei seres vivos, encontrei vontade de poder. E ainda na vontade do servente encontrei a vontade de ser senhor [...]. E este segredo a própria vida me contou. 'Vê', disse, *'eu sou aquilo que sempre tem de superar a si mesmo.'"* (Idem. Assim falou Zaratustra: um livro para todos e para ninguém. São Paulo: Companhia das Letras, 2015, p. 109-110).

CAPÍTULO 2
ARTE E SIMULACRO NA DEMOCRACIA BRASILEIRA

"O sistema esvazia nossa memória,
ou enche a nossa memória de lixo,
e assim nos ensina a repetir a história em vez de fazê-la.
As tragédias se repetem como farsas,
anunciava a célebre profecia. Mas entre nós, é pior:
as tragédias se repetem como tragédias."
Eduardo Galeano – Livro dos abraços, 1989

1. INTRODUÇÃO

O advento da era digital, da circulação imediata das informações, trouxe consigo uma nova forma de espetacularização, e o campo artístico não ficou de fora. Para Baudrillard, a sociedade atual valoriza mais os objetos fabricados que os reais, tendo, assim, origem os simulacros, artefatos imperfeitos de simulação do real que fascinam o espectador através da ficção. A explosão midiática, em especial no mundo virtual, deu voz àquilo que antes era tido como opinião pessoal, limitada a um pequeno círculo, podendo agora adquirir proporções inimagináveis quando corretamente articulado e direcionado.

Nesse contexto, desponta a abordagem de obras de arte como modelos simulados, conferindo ao objeto artístico um valor diverso do verdadeiro, criando um fingimento, uma hiper-realidade que faz com que, por vezes, a arte seja vista da mesma forma que a publicidade. A imagem que se apresenta na fotografia, por exemplo, é um mundo-cópia, uma realidade supervalorizada, onde as pessoas procuram aparecer mais belas, felizes e poderosas.

Mais do que componentes miméticos, as diversas formas de arte refletem acontecimentos e percepções do seu tempo. O objeto artístico exige, por parte do observador, a meditação e o conhecimento de determinados conceitos estéticos, bem como do contexto no qual a obra foi criada. Seu conteúdo não é absoluto, e pode ser ressignificado conforme os episódios, o levantamento histórico e as novas descobertas.

O presente texto oferece uma retomada das tensões que se valem da pós-verdade, do simulacro e do desconhecimento da população em torno do sistema artístico, para favorecer os interesses políticos, analisando como o poder questionador da arte tem incomodado os setores dominantes em âmbito global, tornando-a foco de ataques que procuram modificar seu sentido, assim como ocorreu nas recentes exibições de arte no Brasil: *Queer Museu*; *35ª Panorama de Arte Brasileira*; e *Literatura Exposta*.

2. ARTE E AGENTES REGULADORES

Em determinadas culturas religiosas, a criação de imagens é considerada inadequada, devido a uma ótica específica do sistema de crenças, que as fiscalizam, censuram ou depredam. No islamismo, por exemplo, são proibidos quaisquer tipos de representações do profeta Maomé. A Bíblia cristã também suscitou controvérsias quanto ao uso de imagens: "Não farás para ti imagem esculpida de nada que se assemelhe ao que existe lá em cima, nos céus, ou em baixo, na terra, ou nas águas que estão debaixo da terra. Não te prostrarás diante desses deuses e não os servirás".[66]

Essa passagem desencadeou, entre outras coisas, acontecimentos tais como as manifestações iconoclastas de 1522, 1566 e 1581, que provocaram uma tensão entre a negação da imagem e sua exaltação. As imagens foram destruídas pelos protestantes, que, como afirma Victor Stoichita, tinham relação com a redescoberta do seu uso como possibilidade de persuasão da propaganda do setor católico:

> Não é a arte em si, nem a pintura sem mais, que constitui o objeto da revolta iconoclasta. Esta revolta aponta diretamente para a imagem que tem uma função precisa, isto é, a imagem ligada ao culto cristão, localizada em um contexto muito específico (a igreja) e destinada a uma recepção paraestética (adoração ou veneração). É agora que o

---

[66] EXÔDO. *Bíblia sagrada*. Bíblia King James atualizada (português). 2012, p. 20, 4-5. Disponível em: https://bibliaportugues.com/exodus. Acesso em: 25 fev. 2019.

problema da arte surge em termos de função, recepção e contexto. A crítica protestante funda, em sua dialética, a noção moderna de arte.[67]

Ou seja, a ofensiva não estava direcionada aos objetos propriamente ditos, mas sim aos pontos que poderiam ser suscitados a partir de sua contemplação, já que, aos poucos, arte e religião haviam começado a se separar, e a autonomia artística cedia lugar à interpretação.

Embora o uso de imagens seja aceito pela religião Católica Apostólica Romana, outras incursões contra as formas de representação teológica podem ser averiguadas anteriormente, no início do século XVI, na Itália. A famosa pintura da Capela Sistina, encomendada pelo Papa Júlio II a Michelangelo (1475 – 1564), em 1505, que a realizou entre 1508 a 1512, narrando os nove episódios do livro bíblico Gênese, foi alvo das pregações conservadoras. Diante das imagens desnudas os cardeais discutiram com Michelangelo, comparando sua obra à pintura dos gregos que glorificavam os corpos e eram pagãos. Solicitaram que as imagens fossem cobertas, fato que o artista retrucou afirmando pintá-las conforme haviam sido criadas por Deus.

A busca pelo controle cultural não esteve presente somente no sistema religioso. No sistema político do século XX, na Alemanha nazista, surgiu o conceito de "arte degenerada", que estigmatizou como tal toda e qualquer expressão que não afinasse com o regime – obras que não estivessem de acordo com a concepção de arte e o ideal de beleza dos nacional-socialistas, a chamada *Deutsche Kunst* (arte alemã). A Nova Objetividade, o Dadaísmo, o Cubismo, o Futurismo, o Expressionismo, o Impressionismo, a Bauhaus e o Surrealismo, além de todas as obras de origem judaica e o *jazz* norte-americano, foram tachados de *entartete Kunst*. *Entartung* é uma nomenclatura alemã da área científica que caracteriza seres da fauna ou flora modificados e não sendo mais reconhecidos como parte de uma espécie. Uma analogia às modificações artísticas propostas pelas correntes modernas que afastavam a linguagem plástica de padrões de beleza impostos pelo academicismo.

Hitler, que em 1907 havia sido rejeitado na Academia de Belas-Artes de Viena, em 1937, anunciava em Munique a exposição "Arte degenerada", com a exibição de 650 obras confiscadas de 32 museus alemães. O conceito de degeneração surgiu durante manifestações racistas alemãs do final do século XIX, antes mesmo da criação do Partido Nacional-Socialista dos Trabalhadores

---

67 STOICHITA, Victor. *La invención del cuadro*: arte, artífices y artificios en los orígenes de la pintura europea. Barcelona: Ediciones del Serbal, 2000, p. 95.

Alemães. Havia três medidas de difamação cultural nazista: a queima de livros, a perseguição dos pintores e de sua "arte degenerada" e a perseguição da "música degenerada". A caça deve-se ao fato de os artistas terem cumprido papel importante na resistência, evidente já durante a Primeira Guerra Mundial:

> Poetas, pintores e músicos que se opunham à guerra tinham adquirido, em Berlim o hábito de se reunir uns nas casas dos outros, em pequenos grupos, despistando a vigilância. Textos subversivos eram lidos em voz alta. Em seguida, passavam de mão em mão.[68]

A medida repressiva se configurava como tentativa de controle à livre expressão e ao pensamento crítico.

A história da arte ocidental foi majoritariamente calcada em dois grandes polos culturais: primeiramente na Europa (Florença, Roma e Paris); e, a partir do século XX, nos Estados Unidos. Algumas artes se espalharam mais por suas campanhas do que por suas características. A arte europeia se difundiu com os avanços militares e com a expansão de seu comércio. A arte dos EUA alastrou-se através do cinema, músicas e demais manifestações estéticas em um projeto de colonização intelectual, que se desenvolveu significativamente após a Segunda Guerra Mundial. Jackson Pollock (1912 – 1956) apareceu nesse cenário como o expoente do Expressionismo Abstrato, "projetado" para representar uma arte verdadeiramente estadunidense que, na verdade, desenvolveu-se a partir dos testes de *dripping*, técnica de gotejamento da tinta sobre a tela na horizontal proposta pelo mexicano David Alfaro Siqueiros (1896 – 1974), pintor muralista que ministrou laboratórios experimentais nos EUA, dos quais participaram diversos artistas norte-americanos (entre eles estava o jovem Pollock). Essa é uma informação pouco documentada, pois coloca a legitimidade da criação do Expressionismo Abstrato nas mãos de experiências propostas por um artista oriundo de outro país. Uma manipulação proposital da informação para manter o poderio sobre a criação.

Projetos de expansão cultural, como o empreendido sobre a figura de Pollock, contribuem para aumentar o domínio sobre os dependentes econômicos que, por sua vez, aceitam mais facilmente o avanço comercial, as ideias e os produtos dos países dominantes. Se "conhecimento é poder", frase atribuída ao filósofo Francis Bacon, o sistema de controle também procura afastar a cultura refinada da população, filtrando elementos e deturpando informações que possam incitar questionamentos indesejáveis.

---

68 RICHARD, Lionel. *A República do Weimar (1919 -1933)*. São Paulo: Companhia das Letras; Círculo do Livro, 1988, p. 26.

3. A ONDA DE CENSURA À ARTE: SUBVERSÃO, DESINFORMAÇÃO, SIMULAÇÃO

Recentemente, no Brasil, foi desencadeada uma onda de censura com a exibição da exposição *Queer Museu*, no Santander Cultural, aberta no dia 15 de agosto e que seguiria em cartaz até o dia 8 de outubro de 2017. A mostra contava com cerca de 270 obras de 85 artistas brasileiros que abordavam as questões em torno do gênero e da diferença. Sob a curadoria de Gaudêncio Fidelis (1965), as obras eram compostas por diversas técnicas, várias em caráter contemporâneo, percorrendo o período histórico que se estende desde o século XX até os dias de hoje, assinadas por artistas como Alfredo Volpi (1896 – 1988), Cândido Portinari (1903 – 1962), Lygia Clark (1920 – 1988), Fernando Baril (1948 –), Hudinilson Jr. (1957 – 2013) e Adriana Varejão (1964 –), entre outros.

A exposição foi financiada pela Lei Rouanet, que fomenta o desenvolvimento da cultura nacional através de destinação fiscal dos impostos para esse setor. A Lei nº 8.313/91 instituiu o Programa Nacional de Apoio à Cultura (Pronac). O nome deve-se a seu criador, o então secretário Nacional de Cultura, o diplomata Sérgio Paulo Rouanet. As normativas disponibilizam recursos para a realização de projetos artístico-culturais. Um dos mecanismos da lei é o incentivo fiscal, descrito como "um mecanismo em que a União faculta às pessoas físicas ou jurídicas a opção pela aplicação de parcelas do Imposto sobre a Renda, a título de doações ou patrocínios, no apoio direto a projetos culturais aprovados pelo Ministério da Cultura".[69]

Com cerca de um mês de exibição, a exposição teve suas portas fechadas após polêmicas propagadas na internet com a circulação de um vídeo, vinculado ao Movimento Brasil Livre (MBL), que acusava a mostra de fazer exaltação à pedofilia, zoofilia, "ideologia de gênero" e desrespeito a símbolos religiosos, entre outros. O MBL, que afirma ter nascido como um movimento apartidário, se configura como um levante político brasileiro que defende o liberalismo econômico e o republicanismo, apresentando em seu *site* uma página destinada à exibição de seus parlamentares eleitos.

> Começou no final de 2014 como um grupo que se dizia apartidário e anticorrupção para pedir o impeachment de Dilma Rousseff e defender o liberalismo econômico. Missão cumprida. Depois, passou a se associar

---

[69] O Ministério da Cultura, criado em 15 de março de 1985 pelo Decreto nº 91.144, do presidente José Sarney, foi extinto em janeiro de 2019 e incorporado ao chamado Ministério da Cidadania, se tornando uma secretaria.

a partidos de centro-direita, como o DEM, para eleger algumas de suas lideranças para legislativos municipais nas eleições de 2016, ao mesmo tempo que se expandia nas redes e se colocava como tropa de choque de pautas conservadoras.[70]

Entre as obras destacadas pelo grupo como imorais, encontrava-se a da artista carioca Adriana Varejão, conhecida no sistema de arte por abordar temas da condição exploratória evolvida no colonialismo e fazer crítica ao sistema de constituição do Brasil, às questões de miscigenação e escravismo, entre outras. Na exposição, estava a pintura *Cenas de Interior II* (1994), cujo suporte remete aos antigos papéis de arroz utilizados nas gravuras orientais, relembrando as *chungas*, clássicas imagens eróticas da arte popular japonesa. Seu tom amarelado traz a sensação da passagem do tempo no suporte, atribuindo-lhe um aspecto envelhecido. A composição retrata quatro cenas sexuais: na base direita, dois homens brancos e um negro; logo acima, duas figuras antropomórficas em ato sexual com uma figura zoomórfica caprina; na parte superior da tela, figuras orientais e negras. Todas as cenas exibem relações comuns durante o processo de colonização, sem exercer julgamento, demonstrando como o fato se dava. As relações com animais representadas foram estigmatizadas como uma apologia à zoofilia. Esse tipo de prática ocorre ainda hoje no interior de Estados tais como o Rio Grande do Sul, por exemplo, onde são chamadas de "barranqueadas".

A obra não cria uma objetificação das relações como corretas, mas exibe os bastidores escusos do processo da colonização. Relaciona-se ainda com as ilustrações de Jean-Baptiste Debret (1768 – 1848), que retratou em aquarelas, conforme seu olhar, o Brasil.

---

[70] BETIN, Felipe. A segunda metamorfose do MBL para seguir influente no Brasil de Bolsonaro. *El País*. 5 dez. 2018. Disponível em: https://brasil.elpais.com/brasil/2018/12/03/politica/1543850784_783436.html. Acesso em: 9 jan. 2019.

FIGURA 1 – *CENAS DE INTERIOR II*, ADRIANA VAREJÃO, 1994[71]

Outras obras que causaram alvoroço foram as pinturas da artista Bia Leite (1990 –): *Travesti da lambada e deusa das águas* (2013); e *Adriano Bafônica e Luiz França She-há* (2013), baseadas em frases e imagens do *Tumblr Criança Viada*, de Iran Giusti, que reúne fotos enviadas por internautas deles mesmos na infância. O objetivo desse *Tumblr* é permitir que circulem imagens que discutam a identidade de gênero. As fotos em questão não se apresentam

---

71 Fonte: *Uol Notícias*.

em posições sexuais, e tiveram autorização de seus proprietários, maiores de idade, para a publicação. A obra de Bia trata de temas delicados e que poucos têm coragem de abordar, tal como a definição de gênero ainda na infância e não na adolescência, como se acredita.

Quanto às controvérsias religiosas, a obra que mais repercutiu na rede foi a do artista Fernando Baril: *Cruzando Jesus Cristo com Deusa Schiva*, 1996 (FIGURA 2). Além de abordar o sincretismo religioso, a pintura apresenta elementos ligados ao consumismo e à cultura popular, fazendo uma relação entre crenças e comércio desenfreado. A produção artística de Fernando Baril caracteriza-se por humor, ironia, e por analisar sob diversos aspectos a atualidade e suas disparidades, criticando as relações antagônicas entre os acontecimentos.

De julho a setembro de 2018, outras obras do artista com teor semelhante à pintura *Cruzando Jesus Cristo com Deusa Schiva* integraram uma exposição no Museu de Arte do Rio Grande do Sul, denominada *Baril'70 Anos*, mas, desta vez, não foram objeto de polêmica, embora se apresentassem em número significativamente maior do que as presentes na *Queer*. As manifestações em torno de seu trabalho na mostra do Santander terminaram por contribuir para a valorização do artista, que foi retomado no cenário cultural atual.

Os objetos destacados nas manifestações, em sua maioria, não eram inéditos, e muitos já transitavam no sistema artístico há bastante tempo. As polêmicas levantadas somente em 2017 retratam, portanto, a manipulação por parte daqueles que as atacaram, utilizando simulações da realidade com a finalidade de aproximar a arte de uma linguagem publicitária, na qual as obras funcionariam como exaltações dos temas, fator que deturpa o seu caráter real, aberto e interpretativo. O próprio fato de as obras não serem inéditas reafirma que a baixa circulação em museus e instituições culturais brasileiras afeta o discernimento do público acerca da função da arte.

FIGURA 2 – *CRUZANDO JESUS CRISTO COM DEUSA SCHIVA*, FERNANDO BARIL, 1996[72]

Em museus internacionais, obras com características semelhantes são vistas sem gerar polêmica. Segundo o jornal *Folha de São Paulo*,[73] a visitação de brasileiros ao Museu do Louvre em 2017, ano do acontecimento, chegou a 289 mil; no entanto, não há relatos de manifestações contrárias à exposição de itens contendo cenas de nudez nesse espaço.

---

72 Foto de divulgação.

73 Cf. BARIFOUSE, Rafael. Número de visitantes do Museu Nacional em 2017 foi inferior ao de brasileiros que estiveram no Louvre. *Folha de São Paulo*, 3 set. 2018. Disponível em: https://www1.folha.uol.com.br/cotidiano/2018/09/numero-de-visitantes-do-museu-nacional-em-2017-foi-inferior-ao-de-brasileiros-que-estiveram-no-louvre.shtml. Acesso em: 27 dez. 2018.

Por outro lado, um dado comprova que a frequência de visitas a museus nacionais é abaixo do esperado. O Instituto Brasileiro de Museus (Ibram) divulgou que, em 2017, os museus cadastrados na instituição receberam 32.239.871 visitas. Considerando que a população brasileira em 2017 era de 209,3 milhões, isso contabiliza um pouco mais que 15% da população visitando mostras por todo país. Ponderando que o público ativo em museus e galerias geralmente visita mais de um espaço ao mesmo tempo, bem como frequenta o mesmo várias vezes, os números de visitação tornar-se-iam ainda mais baixos.

Quem paga o preço da pequena circulação nos espaços são as instituições culturais como o Santander Cultural, que, não suportando a repercussão negativa da mostra, optou por fechá-la, sofrendo consequências como o encerramento das contas de seus clientes nas agências bancárias, correntistas que o fizeram como protesto, tanto pró quanto contra o encerramento da mostra. Porém, a exposição foi remontada no Parque Lage no Rio de Janeiro, em agosto de 2018, resistindo até o seu final, em setembro do mesmo ano.

4. A NEGAÇÃO DO CORPO E A ESTETIZAÇÃO DA IMORALIDADE

O escândalo envolvendo a *Queer* foi o gatilho para uma série de eventos semelhantes em todo o país, levantando também questões acerca da necessidade de classificação etária para a fruição das obras. Logo após as discussões, outra apresentação na exposição *35ª Panorama de Arte Brasileira*, em 2017, causou alvoroço. Trata-se da *performance* do artista Wagner Schwartz (1972), *La Bête* (FIGURA 3), inspirada em um trabalho de Lygia Clark, *Bichos*, obra de 1960, que se destinava a ser manipulada pelo espectador, ultrapassando os limites da contemplação e colocando-o como elemento ativo na obra e criando uma integração entre objeto e público.

A relação com a *performance* de Schwartz era a de dispor do próprio corpo como o objeto a ser modificado, movimentado. O artista manuseia uma réplica de plástico de uma das esculturas da série de Lygia e se coloca nu, vulnerável e entregue à *performance*, convidando o público a fazer o mesmo com ele. A polêmica se deu com a difusão de um vídeo em que uma menina, filha da *performer* e coreógrafa Elisabete Finger, toca o pé do artista. A *performance* passou a ser acusada de incitação à pedofilia, e foram levantadas questões acerca de classificação indicativa e de validação de determinadas manifestações como arte. O Museu de Arte Moderna de São Paulo declarou que havia sinalizações de que a obra possuía conteúdo de nudez.

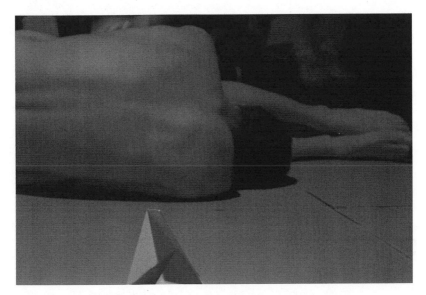

FIGURA 3 – *PERFORMANCE LA BÊTE*, ENCENADA PELO ARTISTA WAGNER SCHWARTZ[74]

A proibição do acesso à cultura ou limitação do conteúdo da mesma estão previstos na Constituição Brasileira de 1988. O artigo 220 trata do assunto:

> Art. 220. A manifestação do pensamento, a criação, a expressão e a informação, sob qualquer forma, processo ou veículo não sofrerão qualquer restrição, observado o disposto nesta Constituição.
> §1º Nenhuma lei conterá dispositivo que possa constituir embaraço à plena liberdade de informação jornalística em qualquer veículo de comunicação social, observado o disposto no art. 5º, IV, V, X, XIII e XIV.
> §2º É vedada toda e qualquer censura de natureza política, ideológica e artística.[75]

Desrespeitando os artigos da Constituição, no dia 13 de janeiro de 2018, a exposição *Literatura Exposta*, na Casa França do Rio de Janeiro, também teve suas portas fechadas pela Secretaria de Cultura, um dia antes de o coletivo És Uma Maluca apresentar sua *performance*, que conteria nudez feminina e uma crítica à ditadura militar. Segundo o jornal *Folha*

---

[74] Foto de divulgação.

[75] BRASIL. Constituição da República Federativa do Brasil de 1988. Brasília: Senado Federal. Disponível em: http://www.planalto.gov.br/ccivil_03/Constituicao/Constituicao.htm. Acesso em: 25 fev. 2019.

de São Paulo,[76] o Secretário de Cultura e Economia Criativa, Ruan Lira, afirmou que o evento não estava no contrato firmado.

As *performances*, caracterizadas como manifestações que se desenvolveram durante as relações interdisciplinares dos anos 60, exibem o corpo como suporte da obra, sendo trabalhadas por artistas internacionalmente famosos como Flávio de Carvalho (1899 – 1973), um dos pioneiros a partir de meados dos anos de 1950, Wesley Duke Lee (1931 – 2010), Nelson Leirner (1932 –), Carlos Fajardo (1941 –), José Resende (1945 –) e Frederico Nasser (1945 –). Hélio Oiticica (1937 – 1980) e seus *Parangolés* também se relacionam de maneira semelhante, sendo catalogadas como obras *performances*, pois se executam na relação do comportamento do corpo. Muitas dessas obras atacavam direta ou indiretamente o sistema vigente ou mazelas sociais.

5. ARTE, PÓS-VERDADE E DEMOCRACIA

Faz-se necessário investigar, portanto, qual seria o motivo de, em pleno século XXI, estar se vivendo ataques à arte, à democracia, à livre expressão e às instituições culturais, como acontecia na Iconoclastia, nas Igrejas Católicas do Renascimento e na Alemanha nazista. Para tanto, pode-se falar no termo *pós-verdade*, capaz de colocar até os artigos da Constituição como "pontos de vista". No ano de 2016, a sentença pós-verdade (*post-truth*) havia sido eleita pelo Oxford Dictionaries como a palavra do ano. Segundo a instituição, o substantivo "se relaciona ou denota circunstâncias nas quais fatos objetivos têm menos influência em moldar a opinião pública do que apelos à emoção e a crenças pessoais".[77] Conforme o Oxford Dictionaries, o termo "pós-verdade" com a definição atual foi usado pela primeira vez em 1992, pelo dramaturgo sérvio-americano Steve Tesich. Além disso, é possível associar-se às moldagens das opiniões públicas relativas à cultura e ao conceito de simulacro de Baudrillard, para o qual "Dissimular é fingir não ter o que se tem. Simular é fingir ter o que não se tem".[78]

---

[76] Cf. FOLHA DE SÃO PAULO. Secretaria de Cultura do Rio manda fechar exposição na Casa França-Brasil. 13. jan. 2019. Disponível em: https://www1.folha.uol.com.br/ilustrada/2019/01/witzel-ordena-fechamento-de-exposicao-na-casa-franca-brasil.shtml. Acesso em: 25 fev. 2019.

[77] Cf. OXFORD DICTIONARIES. Word of the Year 2016 is… Disponível em: https://en.oxforddictionaries.com/word-of-the-year/word-of-the-year-2016. Acesso em 23 dez. 2018.

[78] BAUDELLAIRE, Jean. *Simulacros e simulações*. Lisboa: Relógio d'Água, 1991, p. 9.

É preciso, no entanto, refletir sobre o momento em que se deram essas movimentações. As manifestações já apontavam a intenção de criar um levante conservador de ultradireita, para estimular os ânimos em torno de um moralismo forjado às custas da falta de conhecimento da população acerca do sistemas de artes, criando uma tendência a vincular a arte com a propaganda e atribuindo àquelas obras significados distorcidos. Era um teste acerca da repercussão desses assuntos em campanhas eleitorais que baseariam, no ano seguinte, seu discurso em costumes familiares e morais.

Embora, por vezes, o objeto artístico seja constituído de representações miméticas, não podemos classificar as obras como "apresentação" do retratado. Na arte contemporânea, por exemplo, a ideia e o conceito prevalecem sobre o objeto estético, procurando suscitar questões diversas, interpretações críticas, sensações suprimidas. Deve-se ainda ressaltar que, das mais de 270 obras expostas na *Queer*, apenas uma pequena parcela circulou na imprensa, criando um retrato distorcido da mostra. Um recorte estrategicamente pensado para testar a resposta do público frente às simulações.

Em verdade, atribuiu-se ao objeto artístico a culpa pelos fatos que eles próprios denunciavam, como se fossem as causas desses eventos. A distorção do objeto apresenta-se como um ataque à democracia e à livre interpretação da arte. Se não fossem limitantes e direcionadas, as interpretações dadas às obras não estariam equivocadas, mas, da forma como foram apresentadas, como verdades absolutas e únicas, deixaram de ser opinião para se configurar como uma manipulação do pensamento crítico através dos veículos da mídia contemporânea.

Baudrillard menciona que a realidade deixa de existir cedendo espaço para a representação sobre a realidade disseminada pelos elementos midiáticos, e as simulações despertam maior atração do espectador do que o objeto ou situação que está sendo reproduzida.

> Quando o real já não é o que-era, a nostalgia assume todo o seu sentido. Sobrevalorização dos mitos de origem e dos signos de realidade. Sobrevalorização de verdade, de objetividade e de autenticidade de segundo plano. Escalada do verdadeiro, do vivido, ressurreição do figurativo onde o objeto e a substância desapareceram. Produção desenfreada de real e de referencial, paralela e superior ao desenfreamento da produção material: assim surge a simulação na fase que nos interessa – uma estratégia de real, de neorreal e de hiper-real, que faz por todo o lado a dobragem de uma estratégia de dissuasão.[79]

---

[79] BAUDRILLARD, 1991, p.14.

Uma série de hóstias na instalação do artista Antônio Obá (1983 –), colocadas em uma bacia, trazia palavras inscritas, como língua, boca, sangue, vagina e vulva, entre outras expressões relativas a partes sexuais. Apontada como um ataque a símbolos religiosos, a estética da obra expunha, entre outras coisas, os abusos do clero, doutrinação religiosa e imposição cristã sobre as diferentes crenças. O artista foi ameaçado por fanáticos religiosos, e precisou exilar-se, pois, conforme a repercussão, sugeriu-se que o objeto artístico em si seria o culpado de tais circunstâncias.

Em outros setores, têm-se visto dissimulações sobre os conhecimentos fundamentados, especulações sobre a forma terrestre, tentativas de revisões de fatos históricos, substituição de autores renomados por autodidatas, ataque aos intelectuais, instituições educativas e aos professores, desmonte de órgãos públicos, retirada de obras que retratam a variedade e o sincretismo religioso brasileiro nos prédios governamentais, etc. São inúmeros os eventos que demonstram uma desarticulação democrática, impondo como universais valores de uma parcela da população. Aqueles que detêm o poder sobre a espetacularização valem-se dos argumentos de proteção à família, aos costumes e à moral, mesmo artifício utilizado pelos diversos regimes fascistas e por governos sob o poderio das instituições religiosas, que destroem verdades e geram mitos. Governos totalitários nos quais qualquer possibilidade de questionamento do sistema vira alvo da pós-verdade. São os iconoclastas contemporâneos, indivíduos que não respeitam pensamentos diversos, que destroem monumentos, obras de arte e símbolos.

6. COMO RESISTIR

No dia 3 de janeiro de 2019, a Ministra dos Direitos Humanos, Damares Alves, afirmou que o Brasil entra em "nova era", em que "meninos vestem azul e meninas vestem rosa". A fala seria uma crítica ao que ela considera "ideologia de gênero". A repercussão nas redes foi imediata, mas uma publicação em especial chamou a atenção dentro do circuito artístico. A página do Museu de Arte de São Paulo[80] publicou a obra *Rosa e azul* (FIGURA 4), do artista Pierre Auguste Renoir (1841 – 1919), em que duas meninas vestem as respectivas cores, com a legenda explicativa:

---

[80] MUSEU DE ARTE DE SÃO PAULO ASSIS CHATEAUBRIAND – MASP. Renoir conheceu Claude Monet [...]. São Paulo, 3 jan. 2019. Disponível em: https://www.facebook.com/maspmuseu/photos/a.370786326024/10156205541591025/?-type=3&theater. Acesso em: 20 fev. 2019

FIGURA 4 – PIERRE-AUGUSTE RENOIR, 'ROSA E AZUL – AS MENINAS CAHEN D'ANVERS', 1881, ACERVO MASP, DOAÇÃO: O POVO DE SÃO PAULO, 1952

As doze pinturas de Renoir da coleção do MASP cobrem quase toda a carreira do artista, desde sua juventude até a velhice. Rosa e azul retrata as meninas da família Cahen d'Anvers. Durante a exposição da obra na Fondation Pierre Gianadda, na Suíça, em 1987, revelou-se o destino cruel de Elisabeth, a garota de azul. Enquanto visitava a mostra, um sobrinho seu a reconheceu na pintura e escreveu ao MASP contando que, em 1944, ela havia morrido em um trem a caminho do campo de concentração de Auschwitz, aos 69 anos. A pintura destaca-se, no conjunto, pelo detalhamento excepcional dos vestidos, pelos relevos em branco que formam os babados e pelo cetim reluzente.[81]

Observa-se que a pintura reflete o triste destino de uma das meninas, vítima de um regime totalitário.

As instituições e artistas devem, assim como fez o MASP, valer-se do conhecimento erudito para ironizar e criticar o sistema de desmonte. O investimento na construção intelectual, em estratégias de educação aberta, aulas públicas, associações culturais, exposições alternativas, ciclos de debates e qualquer forma de difusão e reflexão de livre pensamento servirão como armas contra o avanço da baixa cultura. Os controladores tendem a se autodestruir. Há que se estar atento às polêmicas que mascaram decisões que ocorrem por trás dos bastidores. Enquanto a população está preocupada com controvérsias acerca das vestimentas das crianças e em atacar obras de arte supostamente imorais, as engrenagens políticas estão trabalhando atrás das cortinas retirando direitos. A espetacularização dos objetos mascara a realidade. Então, cabe ao campo intelectual proteger-se usando o refinamento do objeto simbólico para enfrentar o espetáculo do fingimento.

---

[81] MUSEU DE ARTE DE SÃO PAULO ASSIS CHATEAUBRIAND – MASP. Renoir conheceu Claude Monet [...]. São Paulo, 3 jan. 2019. Disponível em: https://www.facebook.com/maspmuseu/photos/a.370786326024/10156205541591025/?type=3&theater. Acesso em: 20 fev. 2019.

CAPÍTULO 3
SIMULACROS NA EDUCAÇÃO BRASILEIRA

> *"O objetivo da educação totalitária*
> *nunca foi incluir convicções,*
> *mas destruir a capacidade de formar alguma."*
> Hannah Arendt

1. GOLPE DE 2016 COMO SIMULACRO

A partir das eleições de 2014, intensificaram-se no Brasil debates políticos de cunho conservador, resultado das manifestações anticorrupções que tomaram as ruas do país em 2013. Após o segundo turno eleitoral, o candidato Aécio Neves não aceitou o resultado das urnas que conduziria a então presidenta Dilma Rousseff a seu segundo mandato. Tal situação levou parte dos congressistas a articularem diversas formas de ingerência ao governo federal, chegando aos eventos que culminaram com o *impeachment* de Dilma em 2016.

O golpe de 2016 configura-se como parlamentar, jurídico, midiático e empresarial. Sob a acusação de "pedaladas fiscais" e de corrupção por parte do Partido dos Trabalhadores, o então Presidente da Câmara dos Deputados, Eduardo Cunha, aceitou um dos pedidos de *impeachment*, dando início ao processo. As grandes emissoras de rádio, jornais e TV se ocuparam de alardear de forma sensacionalista a necessidade do evento, para que o país fosse "limpo da corrupção".

O Poder Judiciário, principalmente por parte da Suprema Corte, que se colocou na posição de "neutra", e dos juízes e procuradores da "República de Curitiba", que muniam a imprensa com vazamentos ilegais, contribuíram para que o *impeachment* tivesse ar de legalidade e legitimidade. Grupos empresarias liderados pela Federação da Indústria de São Paulo financiaram partidos de direitas e eventos a favor da cassação do mandato e formaram lideranças que mais tarde viriam a ser eleitas. Com essa grande articulação, a direita, que não conseguiu o poder pelo voto, o consegue pelo golpe.

Bem, mas em que sentido os eventos acima relatados influenciaram nas políticas educacionais brasileiras? Nesse contexto, tomaram força discursos ideológicos que se direcionam às escolas e universidades como sendo estes espaços educativos ambientes "comunistas" e, que nos governos petistas, se intensificaram ações educativas de cunho socialista que vão de encontro aos valores da tradição familiar e de certa moral conservadora. Assim, em meio à crise institucional que se intensificou no país em 2016, as eleições de 2018 foram permeadas por *fake news*, e a educação foi o principal alvo do antipetismo. Se, até 2018, chavões como "mamadeira de piroca", *kit gay* e ideologia de gênero eram usados como *slogans* eleitorais, a partir da chegada de Jair Bolsonaro à Presidência da República passam a se inserir nas políticas de governo, principalmente no Ministério da Educação e Ministério da Mulher, Família e Direitos Humanos.

As políticas educacionais do atual governo, em seu discurso ideológico, visam atacar o que denominam de marxismo cultural e ideologia de gênero nas instituições públicas de ensino, quer seja no nível básico ou superior, implicando em cortes nos investimentos da educação. Ao se fazer uma análise mais profunda da questão, observam-se todos esses discursos como um conjunto de simulacros propagandeados com o intuito de desviar o objetivo do governo de esvaziar a ação educacional em escolas e universidades da dimensão crítica da educação. Ressalta-se, assim, que as políticas de educação e direitos humanos no Brasil estão sendo desenvolvidas sob o tríplice discurso: marxismo cultural, ideologia de gênero e escola sem partido.

Compreende-se simulacro, na perspectiva de Baudrillard, como o segundo batismo das coisas, sendo que o primeiro é representação.[82] Na visão do autor, simular é fingir uma presença ausente, criar uma imagem sem correspondente com o real. O mesmo identifica três ordens de simulacro: contraficção, tipo de esquema dominante que vai do Renascimento até a era industrial; produção, dominante na era industrial; simulação, esquema dominante na atualidade. Segundo ele, "é a simulação que caracteriza a era pós-industrial. O que vale é o valor da troca, onde o real é produzido, e o modelo, a matriz do objeto, assume uma distância tal entre real e imaginário, que o real se transforma em verdadeira utopia, adotando a imagem como objeto perdido".[83]

---

[82] BAUDRILLARD, Jean. *A arte da desaparição*. Rio de Janeiro: Editora UFRJ, 1997.
[83] BAUDRILLARD, J. L'échange symbolique et la mort. Paris: Gallimard, 1976.

É na perspectiva da terceira dimensão que aqui se tecem as reflexões acerca da educação como simulacro. O que constitui as políticas governamentais entorno da educação é um esquema de simulação que distorce a realidade na tentativa de ressignificar o valor da educação pública, onde ela passa a ser mercadoria não só do mercado, mas de interesses conservadores, introduzindo novas lógicas na democracia brasileira. "A lógica funcional do utensílio, a lógica do ponto de vista econômico – como objeto de mercadoria – a lógica da troca simbólica, como parte do objeto simbólico, e a lógica do valor-signo, essas são formas que representam o simulacro".[84]

O simulacro acontece como dispositivo de defesa, uma máscara pertencente a um jogo de aparências, o que para Baudrillard[85] é um procedimento relativo à produção de sentidos. É como se houvesse uma transformação das coisas em algo parecido com sua forma original; para Nietzsche, segundo Polydoro, "a realidade é inventada, é criação, fruto de um ponto de vista, de uma perspectiva".[86]

Do ponto de vista do bolsonarismo, entendendo aqui o termo para além da pessoa do Presidente da República, mas de todo um movimento ultraconservador e reacionário que se desenvolve ao redor de sua figura e, de acordo com Frei Beto, no jogo de poder no Brasil, configurou-se a estratégia do simulacro como modo de fazer política, segundo o movimento da aparência e da estetização do poder. Ela "opera mediante cavalos de Tróia, cortinas de fumaça, manipulação do imaginário coletivo [...]. Nela, se desenrola o espetáculo da imagem, para onde o senso comum converge. É a política da distração, do engano e da irracionalidade".[87] As estratégias de negação e de choque ou escatológicas "reflete[m] o jogo do aparente nos discursos e nas ações do governo federal, em que seus ministros atuam como simuladores, ou seja, estão ali para desviar e prender a atenção, enquanto desconstituem a soberania do país e a própria Constituição".[88]

---

[84] BAUDRILLARD, 1976.

[85] *Idem*, 1992.

[86] NIETZSCHE *apud* POLYDORO, 2010.

[87] ROXO, Lucas Costa. MEC sob efeito da política de simulacro. *Extra Classe*, ano 24, n. 33, maio 2019, p. 22.

[88] *Ibidem*, p. 22.

2. EDUCAÇÃO NO BRASIL COMO SIMULACRO DE DEMOCRACIA E DESENVOLVIMENTO

2.1. SIMULACRO DO MARXISMO CULTURAL

É nesse contexto que o Ministério da Educação, influenciado ideologicamente pelo antimarxismo cultural, ataca as instituições de ensino afirmando que as mesmas promovem "balbúrdias" que reforçam teorias esquerdistas; e intensifica o disciplinamento moral e físico com o aumento das escolas militares e, ao defender práticas educativas que levem os estudantes a não se interessarem por política buscam, no fundo, a mercantilização da educação.

> O cidadão *apolítico* que o presidente da República deseja educar é o idiota. O mesmo *idiótes* grego, que preferia não usufruir da liberdade pública para viver o seu mundo privado. Hoje, o mundo privado oscila entre o conservadorismo moralista e a internet como caverna degenerativa dos fatos pelas imagens, onde esse tipo de política atua soberana sobre as mentes, convertendo-as em simulacros miméticos da ignorância, do anti-intelectualismo e da alienação. A *política de simulacro* está minando as instituições, degenerando o poder, a política e desqualificando a democracia.[89]

Buscando dar força ao discurso de comunismo na educação pública no Brasil, intensificou-se a acusação de que as universidades brasileiras desenvolvem em seus currículos o que o governo denomina de marxismo cultural. Tal tese afirma que a esquerda se infiltrou em todos os campos de produção de conhecimento, tais como as artes, mídia e instituições de ensino. Mas vale ressaltar que o marxismo cultural nunca se constituiu como uma teoria no Brasil, e, sim, trata-se de uma conspiração ao se afirmar que a esquerda busca, atualmente, o poder pela cultura, e não mais pelas armas. Nesse sentido, seriam as escolas e universidades os espaços por excelência para desenvolvimento do projeto de destruição da civilização ocidental. "O conceito chegou ao Brasil importado dos Estados Unidos. Aqui, foi disseminado especialmente pelo escritor Olavo de Carvalho, que, de sua casa nos EUA, alimenta intelectualmente as novas lideranças da direita no país".[90] O contágio chegou aos ministérios, de modo que tanto o ministro da Educação

---

[89] ROXO, 2019, p. 22.

[90] FOLHAPRESS. Bolsonarismo importa dos EUA teoria conspiratória sobre marxismo cultural. Disponível em: https://www.bemparana.com.br/noticia/bolsonarismo-importa-dos-eua-teoria-conspiratoria-sobre-marxismo-cultural. Acesso em: 28 out. 2019.

quanto o ministro das Relações Exteriores "falam em exorcizar o marxismo cultural em suas respectivas áreas".[91] A mesma estratégia se observa "nos discursos de outras lideranças conservadoras pelo mundo, em países como a Hungria, a Itália e a Polônia, a ideia também corre solta".[92]

Para que melhor se entenda como esse conceito ganha força nos movimentos políticos ultraconservadores ao redor do mundo, vale lembrar o manifesto de Anders Behring Breivik, quem, em 2001, matou 77 pessoas na Noruega. O mesmo lançou um manifesto onde afirmava seu interesse em acabar com os marxistas, pois estes estavam tramando uma ofensiva comunista a partir da cultura e isso poderia destruir todos os valores morais da Europa. Ao tratar das ideias de marxismo cultural e multiculturalismo, ele traça "um histórico de como o marxismo teria se 'infiltrado' na Europa depois da 2ª Guerra Mundial e como teria se tornado a forma 'politicamente correta' do pensamento ocidental atual [sic]".[93] Além disso, também alardeia que seria preciso consolidar rapidamente a resistência, pois seriam "apenas poucas décadas até que as principais cidades do continente estejam tomadas demograficamente pela população muçulmana".[94] Por fim, "em todo o compêndio está latente o caráter alarmista do autor que, com sua interpretação particular e tendenciosa de fatos históricos, estudos demográficos e sociológicos, justificaria o ideal nacionalista que ele mesmo define como baseado em severa 'confiança cultural'".[95]

Ao copiar as crenças dos conservadores americanos, os bolsonaristas reproduzem a acusação de que é na Escola de Frankfurt que a expressão marxismo cultural foi construída de forma a disfarçar o marxismo clássico. Chama atenção que os mesmos não possuem conhecimento aprofundado do que seria Teoria Crítica, defendida por filósofos como Theodor Adorno, Walter Benjamim, Herbert Marcuse e outros. Configura-se, assim, a teoria da conspiração, que neste momento é propagada em palestras pelo atual Ministro da Educação e seus assessores, assim como pela Ministra da Mulher, Família e Direitos Humanos.

---

[91] FOLHAPRESS, 2019, p. 3.

[92] *Ibidem*, p. 3.

[93] MEDEIROS, Sabrina Evangelista; VALENTE, Luize. *O manifesto de Anders Breivik. Um atentado anunciado: Noruega, 22 de julho de 2011. Revista Estudos Políticos*, n. 3, 2011/2, p. 37.

[94] *Ibidem*, p. 37.

[95] *Ibidem*, p. 37.

2.2. SIMULACRO DA IDEOLOGIA DE GÊNERO

Outra dimensão do simulacro na educação que se torna plataforma de governo é o mito da ideologia de gênero. A acusação é de que professores da educação básica, e mesmo nas universidades, aproveitam de sua liberdade de cátedra para difundirem ideias progressistas sobre a sexualidade humana e, em casos mais extremos, até ensinarem as crianças sobre como se mantêm relações sexuais e como se tornar um homossexual.

No mesmo contexto político de afirmação do marxismo cultural, a ideologia de gênero é vista como um projeto de perversão dos partidos de esquerda. Vale ressaltar que, assim como marxismo cultural, não existe uma ideologia de gênero. É importante considerar que, com avanço dos estudos científicos e da luta de grupos identitários específicos (mulheres, LGBTQ+), ser homem ou ser mulher não é uma redução ao sexo biológico. O modo de ser e estar no mundo não é determinado, somente, pela genitália, mas a identidade é construída e desenvolvida em contextos mais amplos; ou, ainda, o conceito de gênero é reforçado quando as pessoas descobrem em si diferentes formas de vivenciar sua sexualidade.

A cruzada conservadora entorno da luta contra a ideologia de gênero é, nada mais, nada menos, que a negação dos direitos civis, sociais e políticos de mulheres, *gays*, lésbicas, travestis e transexuais. Busca questionar a liberdade de expressão e a liberdade de pessoas que querem ser respeitadas na condição de iguais e diferentes.

No campo do discurso moral e político, a tentativa de não reconhecimento do outro em sua alteridade, segundo Sheill,[96] entrava o reconhecimento dos direitos sexuais como direitos humanos, obstruindo a adoção da perspectiva de equidade de gênero e de fortalecer ou relegitimar visões de mundo, valores, instituições e sistemas de crenças pautados em marcos morais, religiosos, intransigentes e autoritários.

Na contramão da construção democrática do conhecimento, os acusadores da ideologia de gênero nas instituições de ensino não aceitam o debate acadêmico. Constroem, segundo Thompson,[97] um roteiro de produção de pânico moral. Utilizam-se da demonização e ridicularização

---

[96] SHEILL, K. Os direitos sexuais são direitos humanos, mas como podemos convencer as Nações Unidas? *In*: CORNWALL, A.; JOLLY, S. (Org.). *Questões de sexualidade*: ensaios transculturais. Rio de Janeiro: ABIA. 2008, p. 91-99.

[97] THOMPSON, K. *Pánicos morales*. Bernal: UNQ, 2014. (Originalmente publicado em 1998 pela Routledge).

dos que consideram inimigos. Na forma da distribuição dos recursos públicos, utilizam-se de chantagens em que a instituição que não corresponda às expectativas morais do governo não receberá as verbas para sua manutenção.

2.3. SIMULACRO DA ESCOLA SEM PARTIDO

Os conceitos de ideologia de gênero e marxismo cultural se concretizam para além do discurso e, inserem-se no Projeto Escola sem Partido. O termo foi desenvolvido, inicialmente, pelo advogado paulista Miguel Nagib, e, no início deste ano de 2019, a Deputada Federal Bia Kicis (PSL/DF) apresentou o projeto de Lei nº 246/19, sendo esta a segunda versão tramitada no Congresso Nacional. Para justificar a necessidade de uma lei que regule as ações educativas em escolas, os defensores da proposta acusam professores, principalmente das Ciências Humanas, de fazerem doutrinação em sala de aula. Buscam garantir, inclusive, que os alunos tenham o direito de filmar as aulas dos professores, sendo que essas gravações podem ser utilizadas como provas.

Para Frigotto (2017), o Projeto Escola sem Partido constitui-se como ameaça à vivência social e à liquidação da escola pública como espaço de formação humana, firmado nos valores da liberdade, de convívio democrático e de direito e respeito à diversidade. As teses defendidas por seus idealizadores e apoiadores afetam, negativamente, não só as escolas, mas os educadores. O Escola sem Partido "quer estatuir uma lei que define o que é ciência e conhecimentos válidos, e que os professores só podem seguir a cartilha das conclusões e interpretações da ciência oficial, uma ciência supostamente não neutra".[98] Para essa finalidade, "manipula até mesmo o sentido liberal de política, induzindo a ideia de que a escola no Brasil estaria comandada por um partido político e seus profissionais e os alunos seres idiotas manipulados".[99]

Para o autor, o Projeto Escola sem Partido não liquida somente a função docente, no seu implícito ato de educar e não só informar, mas substitui a pedagogia da confiança estimulando alunos e pais a se tornarem dela-

---

[98] FRIGOTTO, Gaudêncio. A gênese das teses do Escola sem Partido: esfinge e ovo da serpente que ameaçam a sociedade e a educação. In: FRIGOTTO, Gaudêncio (Org.). *Escola "sem" partido*: esfinge que ameaça a educação e a sociedade brasileira. Rio de Janeiro: UERJ; LPP, 2017, p. 33.

[99] *Ibidem*, p. 33.

tores. Se do ponto de vista sustentam uma escola sem ideologia, contraditoriamente buscam construção de uma escola única, intolerante com diferentes visões de mundo, conhecimento, educação, justiça, liberdade, política, gênero e etnia.

Ramos (2017), ao tecer suas reflexões sobre o Projeto Escola sem Partido (ESP), tendo como referencial teóricos as leituras de Agamben, defende a tese de que a ESP se insere no que o autor denomina de Estado de exceção. Segundo ela, a partir desse conceito, busca-se questionar a suposta diferença entre o político e o jurídico presente em algumas tradições do Direito.

> Ele explica que seu aporte é exatamente a articulação entre o Estado de exceção e a ordem jurídica, algo aparentemente paradoxal, dado que o primeiro equivaleria à suspensão da própria ordem jurídica. Tal questão é encaminhada mediante uma série de distinções. No primeiro livro (*Die Diktatur*), entre normas do direito e normas de realização do direito para o que ele designa como ditadura comissária; e entre poder constituinte e poder constituído para o que seria uma ditadura soberana.[100]

Para a autora, caso o projeto seja aprovado, será implantada no sistema educacional a "ditadura comissária". Sustenta o argumento de que a intenção dos apoiadores do projeto, ao impedirem a doutrinação ideológica nas escolas, contraria o princípio do pluralismo de ideias, previsto na Constituição Federal de 1988. Essa situação já fora rechaçada na Procuradoria Federal dos Direitos do Cidadão, ao encaminhar nota ao Ministério Público Federal argumentando que o projeto subverte a ordem constitucional, nega a liberdade de cátedra, e contraria o princípio da laicidade e possibilidade ampla de aprendizagem.

Para Pena (2017), o projeto da Escola sem Partido[101] precisa ser analisado sob o aspecto do fenômeno educacional em que se exige o olhar cuidadoso de quatro características: concepção de escolarização, desqualificação do professor, discurso fascista e poder total dos pais sobre os filhos. No âmbito da concepção de escolarização, os defensores do

---

[100] RAMOS, Marise Nogueira. Escola sem Partido: a criminalização do trabalho pedagógico. *In:* FRIGOTTO, Gaudêncio (Org.). *Escola "sem" partido:* esfinge que ameaça a educação e a sociedade brasileira. Rio de Janeiro: UERJ; LPP, 2017.

[101] PENNA, Fernando de Araújo. O Escola sem Partido como chave de leitura do fenômeno educacional. *In:* FRIGOTTO, Gaudêncio (Org.). *Escola "sem" partido:* esfinge que ameaça a educação e a sociedade brasileira. Rio de Janeiro: UERJ; LPP, 2017, p. 33.

projeto fazem, intencionalmente, a separação entre escolarizar e educar. Para esses, o professor não é um educador porque, segundo eles, o ato de educar é de responsabilidade da família e da comunidade religiosa à qual o aluno pertence. O professor, em sala de aula, é limitado à instrução.

Outro aspecto presente na concepção de escola por parte do Escola sem Partido é de que a instituição de ensino não deve tratar da realidade do educando. Ou seja, não cabe ao professor assumir a função de doutrinador das mentes no que tange à reflexão crítica sobre as realidades socioeconômicas e culturais dos educandos. Ainda nessa dimensão da escolarização, o Projeto Escola sem Partido, as atividades pedagógicas nas escolas não podem mobilizar valores.

A segunda característica, desqualificação do professor, é contida no projeto a partir da crença de que os pais não são obrigados a confiarem nos professores. Considera-se que estes devem ser vigiados em suas aulas, para não se desviarem de seu papel de instrutor; e os alunos, quando perceberem que estão sendo doutrinados, devem utilizar de mecanismos para que, ao denunciarem seus mestres, estes possam ser punidos pelo rigor da lei. "A desqualificação do professor no projeto aparece como a remoção, até explicitamente, de todas as atribuições do professor, chegando ao extremo de excluir a sua liberdade de expressão."[102]

O Projeto Escola sem Partido possui, ainda, a característica de produzir discursos nos moldes fascistas. Não se está aqui afirmando que seus defensores são fascistas no modo clássico do que ocorreu na Itália em tempos de totalitarismos, mas que "usam estratégias discursivas fascistas".[103] A sala de aula passa a ser um espaço panóptico onde o professor é vigiado o tempo todo. Os alunos são os principais denunciadores dos instrutores que possam vir a doutrinar suas mentes.

Por último, nesse projeto, os pais passam a ter poder total por seus filhos e, inclusive, podem decidir quais conteúdos podem ser ensinados e, ao mesmo tempo, rechaçar conteúdos os quais imaginam não serem importantes ou 'perigosos' para o desenvolvimento moral. O *slogan* que sustenta essa característica é: 'meu filho, minhas regras', ratificando o interesse dos pais pelo controle total do currículo e pela gestão da sala de aula.

---

[102] PENNA, 2017, p. 33.
[103] *Ibidem*, p. 33.

3. EDUCAÇÃO E DEMOCRACIA PARA ALÉM DO SIMULACRO POLÍTICO

Theodor Adorno escreveu um pequeno texto intitulado "Educação após Auschwitz" onde alerta para os perigos de que os acontecimentos ocorridos na Alemanha nazista voltem a ocorrer. Evitar que esses se repitam é, segundo o filósofo, a primeira exigência da educação. A construção de um projeto educativo nacional deve comprometer-se a que não mais se repita a barbárie. "A exigência que Auschwitz não se repita é a primeira de todas para a educação. De tal modo ela precede quaisquer outras que creio não ser possível nem necessário justificá-la."[104] Para Adorno, "a pouca consciência existente em relação a essa exigência e as questões que ela levanta provam que a monstruosidade não calou fundo nas pessoas, sintoma da persistência da possibilidade de que se repita no que depender do estado de consciência e de inconsciência das pessoas".[105]

Para ele, o debate das metas educacionais tem significado frente à meta de que Auschwitz não se repita. Ela foi a barbárie contra a qual se dirige toda a educação. No projeto nazista alemão, os campos de concentração foram mecanismos de regressão à barbárie. Tal barbárie poderá continuar existindo, caso as condições que a tornaram possíveis continuem existindo. Essas condições são o nacionalismo exacerbado, discurso de ódio, moralismos e falso discurso de crescimento econômico. "Apesar da não-visibilidade atual dos infortúnios, a pressão social continua se impondo. Ela impele as pessoas em direção ao que é indescritível e que, nos termos da história mundial, culminaria em Auschwitz".[106] Nesse sentido é que o projeto de educação deve superar essas condições.

> A educação tem sentido unicamente como educação dirigida a uma autorreflexão crítica. Contudo, na medida em que, conforme os ensinamentos da psicologia profunda, todo caráter, inclusive daqueles que mais tarde praticam crimes, forma-se na primeira infância, a educação que tem por objetivo evitar a repetição precisa se concentrar na primeira infância. Já mencionei a tese de Freud acerca do mal-estar na cultura. Ela é ainda mais abrangente do que ele mesmo supunha: sobretudo porque, entrementes, a pressão civilizatória observada por ele multiplicou-se em uma escala insuportável.[107]

---

[104] ADORNO, Theodor W. Educação após Auschwitz. *In:* ADORNO, Theodor W. *Educação e emancipação*. Tradução de Wolfgang Leo Maar. 3. ed. São Paulo: Paz e Terra, 2003, p. 119-138.

[105] *Ibidem*, p. 119-138.

[106] *Ibidem*, p. 119-138.

[107] *Ibidem*, p. 119-138.

Para alguns, pode parecer exagerado relacionar os eventos atuais na política brasileira como uma espécie de fascismo. Obviamente que ainda não se tem registro de ações governamentais que permitem a "anulação" de pessoas e grupos específicos ou de censuras institucionalizadas. Porém, cabe o olhar vigilante e cuidadoso para que a democracia seja garantida. Pois, no fundo, o que essas microfísicas do poder inseridas na macropolítica intentam é a destruição das práticas democráticas. É nesse horizonte que o projeto de uma educação esvaziada de sua dimensão torna-se um ataque à própria democracia. Se, por um lado, não temos a existência do fascismo em sua face mais agressiva e cruel; por outro, há sinais de que ele se faz presente nas sutilezas das decisões políticas.

Souza Santos (2006)[108] distingue cinco formas do que ele denomina de fascismo social: a) fascismo contratual; b) fascismo do *apartheid* social; c) fascismo territorial; d) fascismo financeiro; e) fascismo da intolerância. Quando ocorre a diferença de poder entre as partes, se tem o fascismo contratual. A reforma trabalhista aprovada no governo Temer, e ratificada no governo atual, pode ser considerada uma forma de fascismo contratual. Ali, a parte mais vulnerável, o trabalhador assalariado, fica em uma condição de desigualdade perante o patrão. A face maior dessa vulnerabilidade se dá quando o trabalhador já não consegue acessar a justiça do trabalho para ter reparada alguma injustiça.

Quando ocorre a segregação social de grupos vulneráveis, no que Santos (2006, p. 334) denomina de cartografias divididas em zonas selvagens e civilizadas, desenvolve-se o fascismo do *apartheid*. As políticas de segurança pública propostas pelo governo tendem a criar o eterno suspeito. O pobre e negro das periferias são o alvo dos fuzis militares.

> Julgo que em tempo de fascismo social o Estado paralelo assume uma nova forma. Consiste num duplo padrão da ação estatal nas zonas selvagens e nas zonas civilizadas. Nas zonas civilizadas, o Estado age democraticamente, como Estado protetor, ainda que muitas vezes ineficaz ou não confiável. Nas zonas selvagens, o Estado age fascisticamente, como Estado predador, sem qualquer veleidade de observância, mesmo aparente, do direito. A polícia que ajuda o menino das zonas civilizadas a atravessar a rua é a mesma que persegue e, eventualmente, mata o menino das zonas selvagens.[109]

---

[108] SANTOS, Boaventura de Sousa. *A gramática do tempo*: para uma nova cultura política. São Paulo: Cortez, 2006.

[109] *Ibidem*, p. 334.

Outra forma de fascismo social caracterizado pelo autor é o fascismo territorial, "que existe sempre que atores sociais com forte capital patrimonial retiram ao Estado o controle do território onde atuam ou neutralizam este controle, cooptando ou violentando as instituições estatais".[110] Esse leva a um outro tipo de fascismo, o financeiro. Por ser o mais pluralista, é também o fascismo mais virulento: o seu tempo-espaço é o mais refratário a qualquer intervenção democrática.[111]

Todos esses modos de fascismos dialogam com o fascismo social da intolerância. Aqui as desigualdades funcionam na sociedade com outro sistema de hierarquia não mais de riqueza, mas de estatuto social. A intolerância é desumanização. Ela nega a humanidade do outro. E ela existe, exatamente, porque se assenta em três pilares fundamentais: o preconceito, o interesse e a ideologia. O preconceito é um senso comum adquirido de inferioridade do outro; da periculosidade do outro, e, assim, quando o outro vai para um lado da rua, devo seguir caminho oposto; da ojeriza com a cor do outro, enfim, é a exclusão, o ódio ao 'diferente' de mim. De acordo com Becker, "tais formas de intolerância estão a aumentar na sociedade exatamente porque à medida quase quebra o vínculo da obrigação política vertical, quebra-se o vínculo da obrigação horizontal cidadão a cidadão".[112] O não reconhecimento do outro pode levá-lo ao estado de natureza. Contudo, "para além do preconceito, há uma ideologia que muitas vezes prega a naturalização da diferença – da inferioridade do outro. Portanto, a desigualdade, como a discriminação nos casos acima referidos, não é causa, mas sim consequência".[113] O autor salienta ainda que "a intolerância tem muitas vezes por trás o interesse econômico, já que permite desvalorizar a força do trabalho; o preconceito sexual permite desvalorizar o trabalho das mulheres; o preconceito racial desvaloriza o trabalho dos negros".[114]

---

[110] SANTOS, 2006, p. 335.

[111] *Ibidem*, p. 336.

[112] BECKER, Jean Lucca de Oliveira Becke; DIAS, Renato Duro. Em tempos de fascismo social, calar é consentir: direitos humanos no contexto do curso de Direito da Universidade Federal do Rio Grande/RS e a realidade denunciada por Boaventura de Sousa Santos. *Revista Videre*, Dourados, v. 10, n. 19, jan./jun. 2018, p. 350-365.

[113] *Ibidem*, p. 350.

[114] *Ibidem*, p. 350.

Para combater o avanço desses modos de fascismo na cultura brasileira é necessário reinventar a democracia. Segundo Rancière,[115] a democracia não é nem a forma de governo que permite à oligarquia reinar em nome do povo nem a forma da sociedade regulada pelo poder de mercadoria. Ela é a ação que arranca continuamente dos governos oligárquicos o monopólio da vida pública e da riqueza a onipotência sobre a vida.

4. À GUISA DE CONCLUSÃO

São tempos sombrios que vivem o Brasil. A face do terror é desfaçatez e legitimidade da injustiça em forma de legalidade. Para que o projeto de fascismo social se concretize é necessário aparelhar a educação. Nesse horizonte, a melhor qualidade educacional, envolta nos discursos de marxismo cultural, ideologia de gênero e Projeto Escola sem Partido, não passa de simulacros para esvaziar da educação básica e superior, seu sentido político e sua condição de emancipação do pensamento e da sociedade. Para que esse projeto possa dar certo se inventam inimigos, os professores. Estes são vigiados, perseguidos e punidos. O aluno passa a ser o delator da doutrinação, enquanto sua mente fica acrítica e alienada. Tempos sombrios são tempos determinantes? Não. Mas é necessário reinventar a democracia em educação.

---

[115] RANCIÈRE, Jacques. *O ódio à democracia.* São Paulo: Boitempo, 2014, p. 121.

CAPÍTULO 4
A HERMENÊUTICA JURÍDICA DE PAUL RICOEUR E AS INFLEXÕES POLÍTICO-JURÍDICAS DO JOGO DEMOCRÁTICO

"De todos os desvios a democracia é o menos mau"
Aristóteles – Ética *a Nicômaco*, 1.160 b, 10

1. INTRODUÇÃO

É notória a natureza procedimental das sociedades contemporâneas, que experimentam a colonização do Direito em amplas esferas da vida. Essa saturação do campo jurídico pode ser lida, por um lado, como uma evolução das sociedades complexas e um fator de proteção das regras do jogo democrático e da cidadania; mas, por outro lado, ela tende a produzir um resíduo perverso, no qual o aparato jurídico pode se transformar em uma poderosa arma de disputas políticas, quando o Direito é utilizado como estratégia política para minar as regras do jogo democrático.

Nota-se, portanto, que a virtude de uma sociedade que eleva a dimensão jurídica aos píncaros vem se transformando em aparato de controle político autoritário em favor de interesses corporativos nacionais, como se tem verificado com a politização do Judiciário no Brasil; e internacionais, como se tem verificado em diferentes cenários mundiais, sobretudo através das práticas que especialistas passaram a denominar de *Lawfare*. Soa, então, o alerta de uma profunda crise da democracia, amparada na sutileza da interpretação da lei, que assimila os matizes de um jogo político autoritário.

Por sua vez, o amplo aparato das redes de informação inaugurado pelas novas tecnologias, que poderia servir de reforço às democracias e prometia um encurtamento das vias da decisão, ao obter informações instantâneas da opinião pública sobre temas relevantes – reduzindo o fosso da falsa representatividade do Parlamento –, tem se mostrado um arsenal explosivo desde a Primavera Árabe[116] e das manifestações de 2013 no Brasil, com seus efeitos ainda não mensurais para as democracias.

Soma-se a isso também o fato de que a sociedade da informação tem se transformado na sociedade da desinformação, na qual se propaga uma explosão de falsas notícias (*fake news*) que inundam a opinião pública, de forma a burlar as regras tradicionais do jornalismo e a produção e reprodução da informação, traindo, assim, as regras democráticas, a ponto de se criarem agências de regulação para a averiguação e contenção da enxurrada de produção de notícias falsas. Além disso, a produção de uma mídia alternativa e paralela que poderia contribuir para ampliar o lastro da opinião pública tem se mostrado também uma bolha de reforço ideológico, onde se disseminam focos incendiários de *fake news* sem controle.

Desse modo, nunca antes nossa frágil democracia foi assaltada com tantos simulacros. Os fatos são tão abundantes que deixam qualquer observador imparcial com uma sensação desconfortável de algo perverso, situado no nível da fraude. A história da jovem democracia brasileira está repleta de simulacros, mas, na era da pós-verdade, reservou-se um ingrediente ainda mais perverso, potencializado pela utilização de novos meios de manipulação da opinião pública, sendo ainda respaldada por uma mídia tradicional militante.

A ação de órgãos de Estado e a deflagração de operações de combate à corrupção criaram no Brasil uma verdadeira paranoia coletiva, uma caça às bruxas que se articulou ao frenesi de um corpo jurídico exposto a transmissões ao vivo, pressionados a respaldar a alucinante "voz das ruas" e promovendo a flexibilização das regras constitucionais.

Esse cenário demanda, de nossa parte, uma investigação sobre a problemática do Direito e da hermenêutica jurídica, para encontrar na relação do Direito com a sociedade os elementos que nos permitam entender o problema da interpretação da lei e sua inflexão política, apontando alguma resposta dentro do marco teórico de nossas pesquisas.

Uma função elementar da hermenêutica jurídica é reconhecer a dinamicidade do Direito contra a concepção positivista. Nesse sentido, ela cumpre também a função de atender às demandas da sociedade. O que

---

[116] "De acordo com o relatório da Dubai School of Government, nove em cada dez tunisianos e egípcios afirmaram ter usado o Facebook para organizar os protestos e aumentar a participação da população nas manifestações" (BORGES, 2012).

procuramos investigar é como essa condição constitutiva de abertura do jurídico, na medida em que o Direito é tensionado para atender às demandas da sociedade, pode estar subordinada ao controle estratégico e político contra a ordem democrática.

Não é nossa intenção aqui culpar a hermenêutica jurídica pelos eventuais estragos que ela possa propagar, nem tampouco conter o ímpeto da parcialidade quando o Direito opera dentro de instituições injustas, na qual a argumentação jurídica se encontra sistematicamente distorcida pelo campo ideológico e a discricionariedade do juiz é posta à prova. Muitas contribuições nesse sentido foram articuladas por operadores do Direito que se debruçam sobre os disparates da ordem jurídica constitucional nos diferentes episódios brasileiros em torno da Lava Jato e na atuação política do STF, até mesmo para fraudar as últimas eleições presidenciais no Brasil e, assim, atender ao fantasioso "apelo das ruas". Cito, por exemplo, o esforço de Lenio Streck em suas diferentes leituras do cenário jurídico atual.[117] Porém, nossa investigação é essencialmente filosófica, pretende acenar para esse problema agudo de nossa sociedade, acercando-se dos instrumentos que nos são fornecidos no rol de nossas pesquisas no pensamento de Paul Ricoeur (1913-2015).

Nosso estudo se subdivide em quatro seções principais: além da "Introdução", na segunda seção, com o título geral "A circunscrição filosófica do jurídico", procuramos delimitar o campo jurídico em relação à filosofia política, depois, em relação ao sentido amplo de justiça e, por fim, compreender a estrutura fenomenológica da prática jurídica. Na terceira seção, exploramos aquilo que podemos denominar de hermenêutica jurídica de Ricoeur. Na quarta seção, a modo de conclusão, abordaremos a hermenêutica jurídica de Ricoeur e seus limites em confronto com elementos conjunturais.

2. A CIRCUNSCRIÇÃO FILOSÓFICA DO JURÍDICO

Para tratar da relação da Filosofia do Direito com a política, em função dos desdobramentos conjunturais que faremos na última seção, primeiro, circunscrevemos o campo filosófico do Direito em relação à Filosofia Política (2.1); depois, pensamos com Ricoeur o conceito substancial de justiça em seus desdobramentos ético-morais e sua relação com o jurídico (2.2); por fim, pensamos a prática social do Direito em seus elementos processuais.

---

[117] Ver os diferentes artigos do autor no *site* Consultor Jurídico (www.conjur.com.br).

2.1. A FORÇA DO DIREITO E A FILOSOFIA POLÍTICA: O JUSTO A MEIO CAMINHO ENTRE A POLÍTICA E A MORAL

A amplitude da violência do século XX certamente contribuiu para sobrevalorizar o domínio teórico da moral e da política em detrimento do Direito, muito embora o enfraquecimento do debate jurídico tenha prejudicado uma e outra, uma vez que somente a ordem constitucional pode afastar o terror e a violência do Estado, visto que é tarefa do Direito elevar o conflito e a violência ao plano do discurso, contribuindo para a paz social.

Entendemos que os trabalhos de Ricoeur sobre *O Justo 1 e 2* vêm satisfazer ao menos três funções em sua obra:

1. Primeiro, fazer justiça a uma larga tradição da Filosofia do Direito ocultada pelo domínio da ética e da política, uma vez que, segundo Jean-Marc Gaté, a tradição filosófica nos habituou a pensar a questão da justiça e da Filosofia do Direito "como uma simples prévia à afirmação da filosofia política".[118] Ricoeur constata que o tratamento que se tem dado às questões políticas e morais dentro da Filosofia supera em muito as questões jurídicas, apesar de uma larga tradição de filósofos antigos e modernos[119] terem se ocupado dela.

2. Em seguida, compensar a lacuna que separa ética e política, uma vez que a ocultação da questão jurídica prejudica tanto a política quanto a moral. Para Ricoeur o justo está a meio caminho entre a política e a moral.

Por um lado, é a ordem constitucional que afasta o terror e obstaculiza a violência do Estado, portanto, é tarefa do Direito arbitrar os conflitos sem o uso da violência e contribuir para a paz social. Ricoeur se pergunta se não seria justamente por termos nos desviado da Filosofia do Direito e termos nos ocupado eminentemente com a Filosofia Política e da História, e empenhado toda nossa energia intelectual na dramaturgia da guerra, que lançamos mão justamente daquilo que seria seu antídoto, a Filosofia do Direito, a ordem constitucional, visto que não há até aqui

---

118 GATÉ, Jean-Marc. À propos de Le Juste 1 et 2, Paul Ricoeur (Esprit, 1995 et 2001). Le partage et la violence. *Le Philosophoire*, n. 15, 2001/3, p. 144.

119 A *República* de Platão, que carrega o subtítulo "Da justiça", as análises detalhadas da virtude da justiça em Aristóteles, o problema do direito natural nos contratualistas modernos Hobbes, Maquiavel, Adam Smith. Leibniz escreveu sobre o direito natural; Kant, sobre a *Doutrina do direito*; e Hegel, *Os princípios da filosofia do direito*.

regime constitucional que cria obstáculo à violência entre os Estados, muito embora possa haver alguns *tratados* e projetos de paz.[120]

Por outro lado, as questões morais, como a culpa, a falta e o erro, não ajudam a Filosofia Política no tratamento de suas questões, muito embora esses mesmos problemas possam ser explorados a partir da ideia de Direito ou Filosofia do Direito. Então, pode-se dizer que o império da lei e o braço jurídico estão em condições de fornecer ao político esse elemento de correção, essa dimensão "moral", esse mínimo moral, a partir de uma instância neutra capaz de arbitrar os conflitos da sociedade, fazendo do litígio não uma disputa física, mas verbal. Assim, a prática forense permite enfrentar os conflitos sociais sem o uso da força, contribuindo para a paz e fortalecendo os laços sociais.

3. Por fim, os trabalhos sobre *O Justo 1* e *2* vem complementar o próprio desenvolvimento temático de sua ética e filosofia política. O encontro com juristas permitiu a Ricoeur refletir também sobre "o jurídico, apreendido com os traços do judiciário", e essa reflexão lhe permitiu dar um destaque considerável ao jurídico ao ponto de afirmar que: "a *guerra* é o tema crucial da filosofia política, e a *paz*, o da filosofia do direito", porque aí "o conflito é elevado ao nível de processo",[121] ou seja, a palavra sobrepuja a violência, põe fim à incerteza e contribui para a paz social.

Portanto, Ricoeur pretende reagir contra a negligência dos filósofos a respeito do jurídico; transpor os conflitos do plano da violência para o plano do discurso[122] e, assim, preencher a lacuna entre moral e política e complementar o desenvolvimento de sua ética e filosofia política. A amplitude dessas reflexões sobre o Direito converge na compreensão do ato de julgar, situado no fim da deliberação. Ricoeur distingue uma finalidade de curto e longo prazo: de curto prazo, "julgar significa deslindar para pôr fim à incerteza"; de longo prazo, o julgamento contribui para a paz pública. Veremos que essa mesma extensão do Direito para uma finalidade além do Direito traz um risco para a hermenêutica jurídica, que se impõe contra o positivismo: a possibilidade de uma ação política inundar o Direito de um interesse estratégico.

---

120 Cf. RICOEUR, Paul. *O Justo 1. A justiça como regra moral e como instituição.* Tradução de Ivone C. Benedetti. São Paulo: Martins Fontes, 2008, p. 3-4. Essa aposta pode ser mensurada pela proposta kantiana de À *paz perpétua.*

121 RICOEUR, Paul. *O Justo 1. A justiça como regra moral e como instituição.* Tradução de Ivone C. Benedetti. São Paulo: Martins Fontes, 2008, p. 3.

122 Cf. GATÉ, Jean-Marc. Entretien avec Paul Ricoeur. *Le Philosophoire*, n. 15, 2001/3, p. 12.

2.2. O JUSTO E O JURÍDICO

É preciso esclarecer, em princípio, os usos que Ricoeur faz do termo "justiça". Em primeiro lugar, ele segue Aristóteles e pensa a justiça no sentido do adjetivo neutro, erigido em substantivo, o *to dikaion* [o justo] grego, que Aristóteles utilizava como ponto culminante de toda a ordem prática enquanto distinta da ordem teórica. Esse sentido abrangente da justiça, para além das normas e leis, opera como uma ideia reguladora e se aplica "[...] primeiro às ações, depois aos agentes, e a partir daí às instituições".[123] Desse modo, podemos falar de ações justas, de agentes justos e de instituições justas. É nesse sentido substantivo que Ricoeur nomeia sua obra *O Justo 1 e 2*.

A perspectiva de realizar "o que é vantajoso ao outro", desde Aristóteles, de que "O justo é esse aspecto do bom relativo ao outro",[124] permite-nos pensar a noção de igualdade. Há uma vasta tradição filosófica que se ocupou da justiça como virtude e sua conexão com a igualdade, não apenas no modo distributivo, mas também de se levar em consideração as necessidades e exigências da outra pessoa. Para Aristóteles, a justiça é a maior das virtudes nesse seu duplo aspecto de distribuição e de reparação: *distributiva*, quando se distribui o que é devido a cada parte; corretiva ou *reparadora*, quando se restabelece a igualdade em relação a uma desvantagem. Rawls[125] se apropria desses dois sentidos de justiça de Aristóteles e afirma que a justiça é a virtude fundamental das instituições, no sentido da distribuição justa das partes numa sociedade, não apenas de bens, mas de papéis, tarefas, direitos e deveres, vantagens, desvantagens, etc.

É nesse plano que Ricoeur concebe a justiça como uma ideia reguladora do campo prático que se articula ao direito positivo, "ao reino das regras, das normas, das leis".[126] Portanto, o tratamento da justiça com os traços do Judiciário, que veremos na sequência, segue a consideração filosófica do Direito, que situa o jurídico, primeiramente, no interior do sentido substantivo de justiça e, depois, a meio caminho entre a moral e a política.

---

[123] RICOEUR, Paul. *Le juste, la justice et son échec*. Paris: Éditions de l'Herne, 2005, p. 8.

[124] *Ibidem*, p. 12.

[125] RAWLS, John. *Uma teoria da justiça*. Tradução de A. Pisetta, e L. M. R Esteves. São Paulo: Martins Fontes, 2002.

[126] RICOEUR, op.cit., p. 12.

No contexto da "pequena ética" de *O Si-Mesmo como Outro*[127] (estudos de 7 a 9), a justiça aparece em três planos distintos, primeiro no sentido horizontal, teleológico, onde a referência é Aristóteles; depois, em sentido vertical, deontológico (da obrigação), onde a referência é Kant; e, por fim, no plano das situações de incerteza e de conflito, onde se busca uma consecução prudencial. Os dois primeiros planos são, para Ricoeur, "[...] exercícios preparatórios para o confronto [...] com o trágico da ação". Nesse plano "[...] a consciência moral, em seu foro íntimo, é instada a propor decisões singulares, tomadas no clima de incerteza e de grave conflituosidade".[128]

A coletânea de artigos *O Justo 1* se move sob o influxo da tríade da "pequena ética": ética, moral e sabedoria prática. No modelo teleológico, horizontal, prevalece a ideia de um *telos*, de uma finalidade desejada, a busca da "vida boa como os outros dentro de instituições justas". A justiça preside toda a extensão dessa perspectiva horizontal pela ideia de *justa distância* entre o si, o próximo e o distante, mas a justiça não se confunde com a amizade, pois "A virtude da justiça se estabelece com base numa relação de distância com o outro [...]. O outro, segundo a amizade, é o *tu*; o outro, segundo a justiça, é o *cada um*".[129] Nesse nível elementar, teleológico, a justiça ou injustiça é experimentada nas divisões e distribuições desiguais, no descumprimento das promessas, na ausência de reconhecimento.

No plano vertical há a transição do querer para o imperativo, porque o poder exercido por um agente sobre outro agente dá ensejo à violência. Para evitar a violência e o mal, recorre-se à validade universal da norma, à lei, por isso, como diz Dosse, "a justiça é concebida mais como meio do que como fim".[130] Nesse caso, enfatiza-se o contrato, a lei. Assim, o eixo vertical faz com que aquela primeira tríade seja reforçada pela norma, pois há um elo primitivo mais forte entre obrigação moral e a justiça.

---

[127] RICOEUR, Paul. *O Si-Mesmo como Outro*. Tradução de I. C. Benedetti. São Paulo: Martins Fontes, 2014.

[128] RICOEUR, 2008, p. 17.

[129] *Ibidem*, p. 8.

[130] DOSSE, François. *Paul Ricoeur: os sentidos de uma vida (1913-2005)*. Tradução de R. R. Lauxen, G. Marcelo, H. Barros, e A. Bruzzone. São Paulo: LiberArs, 2017, p. 553.

Por fim, quando essa norma não pode dar conta do trágico da ação e das situações de incerteza, passa a operar a sabedoria prática da equidade, que no plano estritamente jurídico é o momento onde a hermenêutica opera de forma mais aguda enquanto corretivo da lei.

Também no contexto do julgamento, do processo, o termo justo possui várias acepções; no plano teleológico do viver bem, ele "[...] é o aspecto do *bom* relativo ao outro. No deontológico da obrigação, o justo se identifica com o *legal*".[131] No plano do julgamento, nas situações de incerteza e de conflito, o justo é o *equitativo*.

2.3. A FENOMENOLOGIA DA INSTITUIÇÃO JUDICIÁRIA E DO ATO DE JULGAR

Ricoeur não é um operador do Direito, suas análises são filosóficas, sua contribuição para a teoria do Direito pode ser circunscrita metodologicamente dentro do registro fenomenológico e hermenêutico do Direito.

Ocupar-nos-emos aqui não mais da justiça como uma virtude, seu sentido substancial, mas da justiça como prática social que se identifica com o aparelho judiciário, que é um sentido mais específico do terceiro, da instituição, à qual compete determinar o "a cada um", determinar a divisão das partes no processo jurídico.

Para pensar a justiça no sentido judiciário, Ricoeur parte da análise da prática social do Direito, não num sentido meramente formal, como trabalham os operadores do Direito, mas de maneira fenomenológica e hermenêutica. Por isso, parte do conceito mais vazio, imediato e sensível da "justiça", a vingança e o senso de injustiça/justiça, em contraposição com o sentido mais mediatizado e distanciado desse face-à-face, a justiça no sentido judiciário, que se identifica com o processo. O senso da justiça é percebido na sensação de indignação pela distribuição desigual, punição desproporcional, promessas não cumpridas. Esse dado sensível antecipa a concretização racional e institucional no plano da prática social do Direito em nível penal, civil (contratos e trocas) e constitucional (distribuição de poderes).

A confrontação que Ricoeur estabelece entre justiça e vingança traz à luz a condição de possibilidade da justiça em sentido judiciário, porque a vingança é o imediato, a "justiça" sem mediação, com as próprias mãos. A vingança é a ausência do processo. O processo, por sua vez, é a palavra da justiça contra a vingança, pois ninguém está autorizado a fazer justiça

---

[131] RICOEUR, 2008, p. 20.

com as próprias mãos. Por isso, faz-se necessário um "terceiro" entre o agressor e sua vítima. É essa distância, como instância neutra capaz de arbitrar o conflito, que estabelece a divisão entre justiça e vingança.

A instituição da justiça não é uma entidade específica, mas uma cadeia de instituições com uma estrutura hierárquica que "instaura a separação entre a violência e a palavra da justiça".[132] Ricoeur pensa essa distância encarnada pelo "terceiro", pela instituição da justiça, em quatro níveis principais, sendo que vamos nos debruçar de modo mais contundente sobre o último nível:

1. Em primeiro lugar, o "terceiro" *que não faz parte do debate* e que se organiza através de três instâncias: o Estado, detentor da violência legítima (Weber); a instituição judiciária, como distinta de outros Poderes do Estado; e o recrutamento de pessoal: juízes, promotores, advogados, etc.

2. Em segundo lugar, o "terceiro" que se vincula ao *sistema jurídico*, que torna a primeira instância mencionada do Estado um Estado de Direito, através de leis escritas com uma larga história.

3. Em terceiro lugar, o *debate*, cuja "função é conduzir a causa pendente de um estado de incerteza a um estado de certeza",[133] a partir de uma pluralidade de protagonistas: juiz, promotor, advogado das partes, que contribuem para a instauração dessa justa distância. Aqui é importante destacar o tipo de distância na qual o agressor e a vítima se tornam "partes do processo", cujo procedimento é conhecido pelos protagonistas, no qual o combate é verbal. Enquanto a vingança cria o curto circuito entre a vítima e seu agressor, o processo se interpõe entre os dois instituindo a justa distância.[134] É precisamente nesse momento que a hermenêutica jurídica opera na condução do processo mediante interpretação da lei e argumentação ao caso concreto, até que se efetive o último aspecto, que é o ato de julgar e a sentença.

4. Portanto, em quarto lugar, a *sentença*, na qual se profere o Direito e o réu muda de estatuto jurídico, é inocente ou culpado. Nesse sentido, a palavra que profere o Direito tem muitos efeitos: põe fim à incerteza; atribui às partes em litígio o lugar da justa distância, aplica a pena suspendendo a vingança, sendo esta de alguma maneira o substituto da "vingança".

---

[132] RICOEUR, 2008, p. 185.
[133] *Ibidem*, p. 186.
[134] *Ibidem*, p. 184.

O ato de julgar se situa no fim da deliberação, mas Ricoeur distingue uma finalidade de curto e de longo prazo a esse ato: de curto prazo, porque "julgar significa deslindar para pôr fim à incerteza"; de longo prazo, porque o julgamento contribui para a paz pública. Ricoeur procura assim "efetuar o percurso da finalidade de curto prazo à finalidade de longo prazo".[135]

Julgar é separar, e este sentido não técnico orienta o ato de julgar no sentido judiciário. Ricoeur procura retirar o sentido judiciário do ato de julgar do sentido usual que possui intensidades diferentes, tais como opinar, avaliar, considerar verdadeiro ou justo, tomar posição.[136] Para ele, todos esses sentidos operam no ato de julgar, porque "o exercício da justiça não é simplesmente um caso de argumentos, mas de tomada de decisão".[137]

A competência do ato de julgar se estabelece dentro de quatro condições: a) a existência de leis escritas; b) a presença de instituições judiciárias (tribunais, cortes, etc.); c) as pessoas encarregadas de julgar; e d) o processo e o pronunciamento da sentença. Embora todo julgamento enseja um "mas", no plano judiciário, o julgamento "interrompe o jogo [...] dos argumentos, pondo-lhes um ponto final",[138] enquanto permaneçam abertas as vias de recurso, até a decisão final.

Nos limites do processo, o ato de julgar é uma "necessidade social vinculada àquela finalidade que chamamos de curto prazo, consistente na interrupção da incerteza".[139] Nesses limites o ato de julgar aparece como a fase terminal de um drama com vários personagens: as partes, o ministério público, o juiz, o júri popular, etc., onde o ato terminal é o fechamento

---

135 RICOEUR, 2008, p. 175.

136 Ricoeur procura explicitar o sentido usual do termo e a densidade de sua gama de significados. No sentido fraco, julgar é opinar, expressar uma opinião a respeito de alguma coisa. Num sentido um pouco mais forte julgar é avaliar, se introduz aqui um elemento hierárquico que expressa preferência. Num terceiro grau de força encontra o lado subjetivo e objetivo do julgamento: objetivo porque considera uma proposição boa, justa, verdadeira; subjetiva, adere a ela. Num quarto grau de força remete à quarta meditação de Descartes, no qual "o julgamento procede da junção do entendimento e da vontade: o entendimento que considera o verdadeiro e o falso; a vontade que decide" (RICOEUR, 2008 p. 176). Nesse sentido, se atinge o sentido forte de julgar, que significa tomar posição.

137 RICOEUR, Paul. *Amor e justiça*. Tradução de Eduardo Brandão. São Paulo: Martins Fontes, 2012, p. 17-18.

138 RICOEUR, op. cit. p. 176.

139 *Ibidem*, p. 177.

de uma evolução aleatória, como no jogo de xadrez, onde as regras são conhecidas, "mas ignora-se a cada vez de que modo a partida chegará ao fim", mas é preciso ir até o fim para saber a conclusão. "O ato de julgar, suspendendo a incerteza do processo, exprime a força do direito; ademais, ele profere o direito numa situação singular". É um juízo determinante (Kant), uma aplicação ao caso, mas é também "uma interpretação da lei, uma vez que nenhum caso é simplesmente a exemplificação de uma regra", nesse sentido seria um juízo reflexivo (Kant), ou seja, "buscar uma regra para um caso novo".[140] E essa segunda acepção não se limita a pôr termo ao processo, mas abre caminho para a trajetória jurisprudencial, uma vez que cria um precedente e onde se instaura o processo hermenêutico.

Mas Ricoeur considera que não podemos restringir o ato de julgar à dimensão do processo, à sua finalidade de curto prazo, de pôr fim à incerteza, porque o processo faz parte de um fenômeno mais amplo que é o *conflito*, que é inerente ao funcionamento da sociedade civil, portanto, "atrás do processo há o conflito, a pendência, a demanda, o litígio; e no plano de fundo do conflito há a violência". Desse modo, "O lugar da justiça encontra-se marcado em negativo".[141]

De fato, o discurso e o ato de proferir o Direito são uma réplica à violência, a justiça do tribunal dissimula o ato de fazer justiça com as próprias mãos, é "o ato pelo qual o poder público confisca para si mesmo esse poder de proferir e aplicar o direito". Nesse sentido, "a punição [...] continua sendo uma forma atenuada, filtrada e civilizada de vingança".[142] Com isso, Ricoeur observa que, se a função do Estado e do Direito é de "privar o indivíduo do exercício direto da justiça", a finalidade última do ato de julgar está centrada mais na *paz social* do que na segurança. Assim, se a finalidade próxima é pôr fim à incerteza deslindando o conflito, a finalidade longínqua do ato de julgar é a paz social que se refere ao reconhecimento mútuo. Nesse sentido, "o ato de julgar atinge seu objetivo quando aquele que [...] ganhou o processo ainda se sente capaz de dizer: meu adversário, aquele que perdeu, continua sendo como eu um sujeito de direito; sua causa merecia atenção; ele tinha argumentos plausíveis e estes foram ouvidos",[143] ao ponto de que aquele que perdeu também pudesse declarar que a sentença não foi um ato de violência, mas um ato de *reconhecimento*.

---

140 RICOEUR, 2008, p. 177.
141 *Ibidem*, p. 178-179.
142 *Ibidem*, p. 179.
143 *Ibidem*, p. 180.

Criticando a visão de sociedade como divisão das partes, sistema de distribuição, como propõe Rawls, Ricoeur se pergunta se a sociedade não seria também um sistema de *cooperação*, para tanto é necessário

> [...] levar em conta um componente mais substancial do que o puro procedimento judiciário, a saber, algo como um bem comum que consistiria em valores partilhados; [...] da dimensão comunitária subjacente à dimensão puramente procedimental da estrutura social.[144]

Para tanto é preciso estender a noção de partilha não apenas como divisão das partes e aquilo que nos separa, mas no sentido de compartilhar. Assim, o ato de julgar tem como horizonte os dois componentes da partilha, o que nos aparta e o que nos faz tomar parte na sociedade.

A reflexão de Ricoeur sobre o Direito supera o elo estritamente procedimental para promover a ideia de correção, reabilitação e cooperação que aponta para uma finalidade do Direito que não se confunde com a segurança no sentido de um Estado que impõe a violência sobre indivíduos. Essa dimensão vem cumprir o que se enunciava no início de que o Direito vem restaurar a paz social; assim, o Direito (o meio) atinge a dimensão política dos fins da sociedade, o que nos permite pensar numa verdadeira dialética, embora nada possamos dizer até aqui sobre o que seria a inversão dessa dialética, na qual o Direito seria instrumentalizado para fins políticos. Esse problema aparecerá apenas na última seção.

3. A HERMENÊUTICA JURÍDICA DE RICOEUR

Primeiramente, cabe perguntar: existe uma hermenêutica jurídica em Ricoeur?

Ao que pese a leitura de Grondin de que Ricoeur ao longo de sua obra não tenha desenvolvido uma concepção unívoca de sua hermenêutica,[145] não restam dúvidas da potência itinerante dessa hermenêutica nos principais debates do século XX, além de Ricoeur ser o personagem principal da tradição hermenêutica na França. É preciso dizer, em princípio, que toda a hermenêutica jurídica está fundada nos pressupostos de uma hermenêutica filosófica e que o campo jurídico está inundado por ela, muito embora, em seus primórdios, a hermenêutica jurídica se constituísse de forma autônoma. Poderíamos, assim, dar uma resposta

---

144 RICOEUR, 2008, p. 181.

145 GRONDIN, Jean. *Paul Ricoeur. Que sais-je?* Paris: Puf, 2013. A partir de *A simbólica do mal*, através do duplo sentido dos símbolos e metáforas; depois, através da hermenêutica dos textos e do relato (*récit*); e, por fim, uma hermenêutica do sujeito.

aproximativa e indireta à questão da existência de uma hermenêutica jurídica em Ricoeur, na medida em que sua hermenêutica geral constitui condições epistemológicas para a interpretação e aplicação das leis. Nesse sentido, as contribuições de teóricos do Direito que se apropriaram dessa tradição hermenêutica, como Dworkin – que utiliza os pressupostos da interpretação literária para a interpretação das leis –, mostra que a base da hermenêutica jurídica encontra-se descentrada de seu objeto específico.

Mas insistimos ainda: haveria uma hermenêutica jurídica explícita na obra de Ricoeur, sem tomar por base essa hermenêutica geral? Toda a investida de Ricoeur no campo daquilo que poderíamos denominar de uma fenomenologia e hermenêutica do justo não teria contribuído para tornar explícita uma hermenêutica jurídica?

Ricoeur apresenta o problema do Direito conectado primeiramente a uma hermenêutica do justo em sua dimensão substantiva e, depois, da justiça como prática social. O problema do Direito ou de uma hermenêutica do Direito em Ricoeur aparece de forma explícita no contexto de *O Justo 1*, muito embora ele já tenha se ocupado desse tema em algumas intervenções pontuais, como na conferência *"Le droit de punir"*,[146] proferida no Centre Villemétrie em 1958. A referência aí ao Direito Penal terá um largo futuro em sua obra, e, de fato, Ricoeur nunca se afastará da centralidade da dimensão penal do Direito.[147]

Depois desse artigo de 1958, Ricoeur se ocupa da Filosofia do Direito apenas em sua última fase para dar continuidade à sua teoria ético-moral, nas obras *O Justo 1 e 2*, que são coletâneas de artigos de intervenções e diálogos com juristas do Institut des Hautes Études pour la Justice (IHEJ) e da École Nationale de la Magistrature. Se formos mais incisivos, podemos apontar para um artigo dessa coletânea que trata especificamente da hermenêutica jurídica: o artigo "Interpretação e/ou argumentação", onde Ricoeur articula dialeticamente duas posições conflitantes e que remetem à sua posição dos anos setenta em defesa da articulação entre hermenêutica e crítica das ideologias, aqui representadas pelas posições de Dworkin, que defende a posição da hermenêutica literária estendida para o campo da interpretação das leis, e Alexy/Atienza, que defende a teoria da argumentação no campo do Direito em referência à teoria do agir comunicativo de Habermas.

---

146 RICOEUR, Paul. Le droit de punir. *Cahiers de Villemétrie*, n. 6, mars-avril, 1958.

147 Talvez possamos explicar essa inflexão teórica ao Direito Penal por sua escolha, nos anos cinquenta, em abordar o campo fenomenológico da vontade e da vontade má, onde o tema da culpa e da pena são centrais.

É seguindo a argumentação principal desse artigo e situando-o no percurso de sua teoria ética que podemos nos referir de forma explícita a uma hermenêutica jurídica em Ricoeur.

No prefácio de *O Justo 1*, Ricoeur reconhece que a organização dos estudos dessa obra obedece à tríade dos pontos de vista teleológico, deontológico e prudencial, uma vez que "[...] o *lugar* filosófico do justo já estava indicado e delimitado na 'pequena ética' de *Soi-même comme un autre*".[148] Em *O Justo 1*, Ricoeur utiliza a estrutura ternária de sua "pequena ética" para organizar o conjunto dos artigos, assim, pode-se afirmar, por um lado, que sua teoria do justo se encontra inundada pelo campo ético-moral, ela fornece uma base ético-moral ao direito positivo, ao justo compreendido com os traços do judiciário. Por outro lado, com base nessa estrutura ternária de sua "pequena ética", podemos inferir que a hermenêutica jurídica de Ricoeur, situa-se, de modo explícito, no campo da aplicação da lei que corresponderia ao julgamento em situação na tríade ético-moral, onde se procura a regra para o caso concreto.

Seguindo essa referência explícita de Ricoeur a essa estrutura triangular que preside o conjunto de artigos de *O Justo 1*, os quatro últimos artigos dessa obra sinalizam para a sabedoria prática na ordem jurídica, desde aspectos hermenêuticos entre *Argumentação e/ou interpretação*, passando pelo *Ato de julgar*, até a *Condenação, reabilitação, perdão* e *Consciência e lei*.[149] Seguindo essa orientação, nossa hipótese é que, se existe uma hermenêutica jurídica em Ricoeur, ela só pode ser pensada no plano do juízo em situação em face de um processo que procura dar às partes em litígio o que lhe é devido, a partir da interpretação da lei, argumentação, mediação do juiz, aplicação da sentença e consciência do juiz nos casos difíceis. Vemos, assim, como essa argumentação se organiza dentro do campo ético-moral.

No artigo "Argumentação e/ou interpretação" de *O Justo 1*, Ricoeur se depara explicitamente com as condições hermenêuticas e o esclarecimento conceitual da interpretação da lei e da argumentação jurídica. Nesse contexto, a "interpretação" é sinônimo de aplicação, "aplicação da norma jurídica ao caso litigioso".[150] Devemos lembrar que em sua "pequena ética" o julgamento moral em situação se constituía como uma forma de dirimir casos difíceis, o que exigia uma espécie de sabedoria prática em contextos de conflito e de disputa.

---

[148] RICOEUR, 2008, p. 6-7.

[149] Os grifos correspondem aos títulos da sequência dos quatro últimos capítulos de *O Justo 1*.

[150] RICOEUR, op. cit., p. 153.

A preocupação de Ricoeur no artigo "interpretação e/ou argumentação" é de ordem epistemológica e conceitual, quer verificar em que medida a noção de interpretação no contexto jurídico é mais restrita ao ponto de se contrapor ao conceito de argumentação no sentido de Habermas ou se é possível pensar uma relação dialética entre os termos. Nesse sentido, Ricoeur pondera que "uma hermenêutica jurídica, centrada na temática da disputa (*débat*), requer uma concepção dialética das relações entre interpretação e argumentação" (RICOEUR, 2008a, p. 154). Ao nosso modo de ver, esses conceitos, então, em analogia com outras duas posições hermenêuticas que Ricoeur procurava resolver nos anos setenta, entre hermenêutica das tradições e crítica das ideologias e entre compreensão e explicação.[151]

Quanto ao primeiro aspecto irá expor a posição de Dworkin, que luta contra a tese positivista de que o caso não pode ficar sem resposta (*no answer*). Para esse autor, a interpretação opera na prática jurídica concreta dos casos difíceis (*hard cases*), ou seja, "quando nenhuma das disposições legais extraídas das leis existentes parece constituir a norma sob a qual o referido caso poderia ser situado".[152] Dworkin luta contra a teoria positivista do Direito, que defende três teses: 1) as leis são ditas por alguém, dependem da intenção do legislador; 2) não são equívocas (o contrário da interpretação de um texto que é sempre equívoca); 3) "se nenhuma resposta existe no direito em vigor, então o julgamento do caso é remetido ao poder discricionário ("imparcial") do juiz".[153] Nota-se o acento da intenção do juiz, que faz eco à posição da hermenêutica romântica. Ficará visível, a seguir, como Dworkin, na linha das principais teses da hermenêutica ricoeuriana, implode essa tese positivista.

Assim, a teoria da interpretação surge da refutação dessas três teses, que são compatíveis com sua teoria hermenêutica da interpretação textual: 1) o sentido da lei não se baseia na intenção do legislador, mas deve ser procurada no sentido do texto ou da lei; 2) as leis são como "um texto aberto para interpretações construtivas não previstas"; 3) é o papel discricionário

---

151 Ver, a respeito, o capítulo 4 do livro *Teoria da interpretação* de Ricoeur, com o título "Explicação e compreensão" (p. 83-106), da década de setenta, onde ele mostra a estrutura dialética desses termos. Nesse contexto, como outrora, ele procura num mesmo movimento pensar a dialética da interpretação e argumentação em um movimento que vai e vem da interpretação para a argumentação e da argumentação para a interpretação. Assim, o artigo é subdivido em duas partes.

152 RICOEUR, 2008, p. 155.

153 *Ibidem*, p. 156, destaque nosso.

do juiz que abre caminho para a teoria da interpretação, quando a lei não dá conta do caso, isso implica uma decisão sob duas alternativas: ou ela é arbitrária, ou entra no direito como jurisprudência ou prudência do juiz, como diz Ricoeur: "somente a capacidade de criar precedente preserva a qualificação jurídica da decisão oriunda do poder discricionário".[154]

O problema de Dworkin é, então, como justificar a ideia de que sempre há uma resposta válida, sem incidir na arbitrariedade ou na pretensão do juiz de se apresentar como legislador? Para ele, é o *modelo do texto literário e narrativo* que oferece a resposta. Ou seja, tal como há uma disjunção entre o sentido do texto e a intenção do autor, também há disjunção entre o sentido da lei e da decisão, mas se "a interpretação se apoia naquilo que o texto permite"[155] (RICOEUR, 2008, p. 157) que se oferece à cadeia de leitores, a vagueza do texto literário é sua força, e isso se aplica à empreitada judiciária. Desse modo, para reconstruir o sentido do trecho difícil do texto, como na hermenêutica tradicional, procura-se ler a parte no conjunto da obra, a lei no âmbito de um contexto ampliado, a cadeia de narradores e a relação com a sociedade.

Ricoeur observa que esse modelo do ajuste (*fit*) (da interpretação) se afasta da alternativa entre arbitrariedade e demonstrabilidade, porém "um crítico pode alegar que uma interpretação é melhor, mais provável, mais plausível e mais aceitável que outra". A tese do "não pode ficar sem resposta" (*no answer*) é tributária da tese da demonstrabilidade. Ricoeur observa que, pelo ímpeto de refutar a tese positivista (sobretudo de Hart), Dworkin, a partir da teoria da interpretação, não se ateve ao contraponto da argumentação que "escapa à alternativa entre demonstrável e arbitrário",[156] não tentou coordenar sua noção de ajuste (*fit*) a uma teoria da argumentação como critério de coerência.

O modelo do texto ou narrativo e, portanto, compreensivo, implementado por Dworkin, supera o positivismo num outro aspecto, na medida em que leva em consideração não apenas o caso isolado, mas a dimensão histórica e temporal da empreitada judiciária, a ideia de cadeia de narradores, "em que cada um acrescenta seu capítulo à redação de uma história, cujo sentido global nenhum narrador determina sozinho e cada um precisa presumir, se adotar como regra a busca da coerência máxima",[157] ou

---

154 RICOEUR, 2008, p. 156.
155 *Ibidem*, p. 157.
156 *Ibidem*, p. 158.
157 *Ibidem*, p. 159.

seja, levar em consideração o já julgado, o precedente, assim "o modelo do texto [...] fornece uma alternativa aceitável à resposta *no answer* aos *hard cases* e, automaticamente, à concepção positivista do direito".[158]

Ricoeur entende que uma teoria da interpretação jurídica é rebelde ao formalismo da teoria da argumentação jurídica, mas observa que o modelo do texto propõe uma concepção de lei liberta de quem a dita (*pedigree*), de uma origem verdadeira que decide o caso.

Ricoeur leva a tese da interpretação jurídica de Dworkin até seu limite para em seguida explorar as possibilidades de aproximação com os defensores da tese da argumentação jurídica.

Os que defendem a teoria da argumentação ou justificação jurídica, Alexy e Atienza, tratam esse campo como um capítulo especial da teoria geral da argumentação, mas, apesar dessa articulação, interessa a Ricoeur a especificidade do argumento jurídico para articular interpretação e argumentação.

A teoria geral da argumentação incide no campo particular do Direito; por isso, Ricoeur procura explicar, primeiro (1), o *campo geral* da teoria da argumentação para, em seguida (2), caracterizar o discurso jurídico como espécie particular do discurso prático geral.

1. O *campo geral* da teoria da argumentação se explicita no "discurso prático normativo", por meio de uma pragmática universal conforme Habermas. A pretensão de correção das práticas decorre de sua inteligibilidade, que é aquela que admite a comunicabilidade universalizável, o bom argumento considerado aceitável por todas as partes envolvidas, num acordo potencial, como diz Ricoeur: "a universalização possível de um argumento é aquilo que constitui sua correção".[159]

As regras formais de toda argumentação são ideais, mas estão sempre já em ação, e se contrapõem à argumentação estratégica de negociação, barganha, submetida às injunções de todo tipo, que tem em vista o sucesso e não a correção, a retidão.[160] As regras da pragmática universal são poucas:

---

158 RICOEUR, 2008, p. 158.

159 *Ibidem*, p. 163.

160 Há objeções a essas regras da argumentação: a) à objeção de que o consenso universal é irrealizável se responde que o caráter contrafactual, transcendental, é uma tarefa sem fim, b) "à objeção de que essa fundamentação é, por si só, insuficiente respondemos que é precisamente tarefa da argumentação jurídica completar as regras gerais do discurso normativo num campo particular, o do direito" (RICOEUR, 2008, p. 162-163); c) à objeção de que a comunidade ideal

Umas regem a entrada no discurso [...]: todos têm o igual direito de intervir, a ninguém é vedada a palavra. Outras regras acompanham a discussão em todo o seu curso: cada um deve apresentar razões e, se possível, o melhor argumento, ou de justificar sua recusa. Outras regras regem a saída da discussão: cada um deve aceitar as consequências de uma decisão desde que as necessidades bem fundamentadas de cada um estejam satisfeitas.[161]

Essas regras universais estão sempre já em ação no discurso e se inserem numa discussão pública permeada de interesses empíricos e marcada por interpretações numa situação histórica dada,[162] por isso o tema da interpretação se vincula à argumentação, porque dependem da compreensão compartilhada da comunidade e de um auditório potencialmente universal.

2. Em seguida, Ricoeur caracteriza *o discurso jurídico* como espécie particular do discurso prático geral. Esse discurso impõe limitações ao discurso em geral, mas a instância *judiciária* do discurso jurídico, cortes, tribunais, juízes, "é apenas um dos lugares nos quais o discurso jurídico se desenrola: há, acima dela, a instância legislativa, produtora de leis e, ao seu lado, a instância jurídica",[163] e poderia se acrescentar ainda, a opinião pública e o auditório universal. É a instância judiciária que, submetida a injunções fortes, pode criar um fosso entre discurso prático geral e discurso judiciário. São essas injunções que circunscrevem a especificidade do discurso jurídico, são elas: o recinto próprio (tribunais e cortes) onde nem todas as questões são abertas, mas apenas as do processo no qual o réu é intimado e a deliberação é submetida às regras processuais e não se encerra num acordo, mas se separa as partes por meio da justa distância estabelecida pelo juiz. Alexy considera que há uma filiação entre discurso jurídico e discurso em geral, porque a pretensão de correção está implícita em qualquer discurso normativo.

---

serve de álibi à distorção sistemática se responde que "o ideal de acordo potencial encerra em si as condições de uma crítica dos acordos extorquidos [...] ou oriundos de interesses [... ou] poderes em conflito" (RICOEUR, 2008, p. 163).

161 RICOEUR, 2008, p. 163.

162 Ou seja, ao modo de um entrecruzamento entre crítica e tradição, Habermas e Gadamer, como debatia Ricoeur em seu artigo de 1973: Herméneutique et critique des idéologies. In: CASTELLI, E. (Ed.) *Démythisation et idéologie*. Paris: Aubier-Montaigne, 1973, p. 25-64.

163 RICOEUR, op. cit., p. 165.

Ricoeur quer saber que lugar é dado à interpretação nessa teoria da argumentação jurídica, uma vez que os defensores da argumentação acreditam que sempre é possível acrescentar regras suplementares. Para Ricoeur, o recurso da interpretação já se impõe desde a coerência lógica interna das premissas do silogismo jurídico, porque este "não é passível de redução à via direta da subsunção de um caso a uma regra",[164] tal como a regra da conveniência de Dworkin: "a aplicação de uma regra é, na verdade, uma operação muito complexa na qual a interpretação dos fatos e a interpretação da norma se condicionam reciprocamente".[165] Um encadeamento de fatos pode ser contado e interpretado de diferentes maneiras, ou se pode ler tal encadeamento já presumindo e situá-lo sob tal regra, mas, segundo Alexy, "Quando há dúvida sobre se 'a' é um 'T' ou 'M', deve-se produzir uma regra que resolva a questão";[166] para tanto, "[…] é preciso avançar por graus de decomposição até encontrar um emprego das expressões da lei cuja aplicação a dado caso não dê mais ensejo à disputa".[167] Mas Ricoeur não crê que isso seja possível, justamente porque a interpretação não é exterior à argumentação, mas opera como instrumento da inferência, a interpretação opera na norma e no fato.

Assim, Ricoeur destaca quatro aspectos que permitem incluir a interpretação no plano da argumentação jurídica, ou cruzar Alexy com Dworkin. Primeiro,

> […] a limitação mais fundamental encontrada na argumentação jurídica decorre do fato de que o juiz não é o legislador, de que ele aplica a lei, ou seja, incorpora a seus argumentos o direito em vigor. É aí que se encontram o caráter vago da linguagem jurídica, os possíveis conflitos entre as normas, o silêncio provisório da lei sobre "casos difíceis" […] e, frequentemente, a necessidade de escolher entre a letra e o espírito.[168]

Em seguida, que os fatos de um caso não são fatos brutos, mas interpretados. Terceiro, que há uma diferença entre regras e princípios, a regra coage e os princípios "inclinam", "pesam" a favor de determinada tese. Por fim, o argumento do precedente (ou jurisprudência) que implica tratar de modo semelhante casos semelhantes, mas é possível contestar o

---

164 RICOEUR, 2008, p. 167.
165 *Ibidem*, p. 167.
166 ALEXY *apud* RICOEUR, 2008, p. 168.
167 RICOEUR, op. cit., p. 168.
168 *Ibidem*, 2008, p. 169.

precedente, e para tanto "é preciso apresentar boas razões (argumentar) para desviar-se da inclinação adotada".[169]

Assim, nota-se que interpretação e argumentação são complementares. A noção de ajuste (*fit*) abria as portas da interpretação para um critério de coerência cruzando com a teoria da argumentação. A teoria da interpretação incorpora a dimensão histórica e temporal da empreitada judiciária e da cadeia de narradores, barrando a regra da busca de coerência máxima. A argumentação, por sua vez, não pode respaldar fatos sem interpretá-los, não há argumento jurídico sem convicção, ao mesmo tempo que esta deve ser pautada em boas razões.

4. A MODO DE CONCLUSÃO: OS LIMITES DA HERMENÊUTICA JURÍDICA E O CASO BRASILEIRO

Nossa estratégia aqui, a modo de conclusão, será uma tentativa de entender as teses da hermenêutica jurídica de Ricoeur com o tensionamento político e ideológico do Supremo Tribunal no Brasil, a fim de testar os limites da hermenêutica jurídica que concorreu para criar um simulacro no jogo democrático.

No caso brasileiro, a expectativa de uma parcela da população, sobretudo de esquerda, quanto à avaliação da ação do Judiciário, desde o *impeachment* da presidenta Dilma até a condenação de Lula, sustentava uma concepção sobre a natureza do Direito: a concepção positivista, de que o Direito é uma simples questão de fato e, portanto, não há margem para interpretação. Essa é a opinião comum do grande público que acredita que o Direito existe de fato, que os juízes devem segui-lo e que, portanto, não estar de acordo com o Direito é na verdade traí-lo ou conspirar para esconder a verdade.[170]

Tomando por base uma visão crítica e hermenêutica do Direito, o que se avizinhou em nosso recôndito país nos últimos tempos tem dado vazão a uma tentativa contra o positivismo jurídico, na qual o problema da hermenêutica jurídica se pôs na ordem do dia das decisões jurídicas, sobretudo quando nos deparamos com o problema da superinterpretação jurídica.

---

[169] RICOEUR, 2008, p. 171.
[170] DWORKIN, Ronald. *O império do direito*. Tradução de J. L. Camargo. São Paulo: Martins Fontes, 1999, p. 46.

O pequeno livro de Humberto Eco *Interpretação e superinterpretação*[171] nos informa que, no rol das hermenêuticas em conflito, ao menos precisamos nos desfazer da superinterpretação; não que ela não exista, mas que ela extrapola o âmbito do razoável. Traduzindo essa observação de Eco para o plano da hermenêutica jurídica, podemos dizer que a superinterpretação é aquela que se aproxima da arbitrariedade ou não discricionariedade do juiz.

Nosso argumento é que as nuances do comportamento do Supremo Tribunal no Brasil são previstas dentro dos principais pressupostos da hermenêutica jurídica, sejam eles fundados na teoria da interpretação ou da argumentação jurídica: a compreensão dinâmica do Direito, a necessária interpretação da lei, a relação da interpretação da lei com a sociedade e coma opinião pública, que fornece uma tonalidade e um tensionamento da interpretação das normas jurídicas.

Não se trata de culpar a hermenêutica jurídica pela abertura e tensionamento do Direito para o lado do casuísmo e a decisão jurídica para o lado da arbitrariedade. Poderíamos verificar, no caso brasileiro, esse tensionamento da teoria hermenêutica, com base na teoria da interpretação e da argumentação jurídica. Na teoria da argumentação, pode-se verificar uma argumentação sistematicamente distorcida pelo campo ideológico onde a discricionariedade do juiz é posta à prova. A opinião pública, que deveria representar a condição de um auditório universal, foi substituída por um falacioso "apelo das ruas" que transformou o Direito num aparato casuístico para atender a uma demanda de poder em detrimento de outra. Na teoria da interpretação, pode-se verificar uma construção narrativa que destoa da tradição, da cadeia de narradores e da jurisprudência e a necessidade de ajuste sem critério de coerência.

A teoria da argumentação jurídica, na esteira de Habermas, que se sustenta nas regras ideais da comunicação, possui um contraponto, a argumentação estratégica, da negociação e da barganha, submetida às injunções de todo tipo, que tem em vista o sucesso e não a correção ou retidão. O agir estratégico, enquanto possibilidade de uma distorção sistemática da argumentação jurídica, abre uma brecha para as inflexões políticas do Direito.

Essas observações exteriores, de um tensionamento da hermenêutica jurídica para o lado do agir estratégico e de sua não inserção na tradição, não tocam na fragilidade intrínseca da hermenêutica jurídica. De

---

171 ECO, Humberto. *Interpretação e superinterpretação*. São Paulo: Martins Fontes, 2001.

um lado, a posição de Ricoeur procura dar um tratamento diferenciado à superação do positivismo de Dworkin ao estabelecer critérios de coerência argumentativa (Alexy). Isso não nos impede de pensar que aquilo que poderia ser uma virtude da hermenêutica jurídica, sob influência de Dworkin e Atienza/Alexy, que se propõe superar o positivismo jurídico, pode representar uma falha da justiça, ao abrir possibilidades de interpretação e argumentação que relativizam as normas jurídico-constitucionais para atender a fins políticos. Ou seja, o positivismo ainda parece ser o melhor antídoto contra o agir estratégico e a interpretação equivocada e arbitrária. De outro lado, há ainda uma condição intrínseca dessa hermenêutica crítica que, ao tentar superar o positivismo jurídico por suas próprias teses, dá margem a um decisionismo sem limites que não consegue evitar a arbitrariedade. É essa dupla tensão que comentaremos, a seguir, a modo de conclusão.

A primeira tensão está no próprio ímpeto de Dworkin de refutar a tese positivista a partir da teoria da interpretação, como observou Ricoeur, esta tensão está circunscrita "à alternativa entre demonstrável e arbitrário".[172] Por isso, Ricoeur irá propor uma nova alternativa a essa hermenêutica jurídica: coordenar a noção de ajuste (*fit*) da teoria da interpretação de Dworkin a uma teoria da argumentação que propõe critérios de coerência argumentativa com Alexy e Atienza. Podemos dizer, então, que Ricoeur propõe uma espécie de hermenêutica crítica do Direito e parece ter superado essa tensão.

A segunda tensão diz respeito aos limites da própria hermenêutica jurídica. Consideramos apenas dois aspectos dessa fragilidade intrínseca da hermenêutica jurídica: a primeira diz respeito à relação entre regra jurídica unívoca e o decisionismo; a segunda, que é derivada dessa, diz respeito à relação da interpretação da lei e sua relação com a sociedade. A cada uma dessas posições de Dworkin apresentaremos o contraponto da posição que consideramos ser a posição de Ricoeur.

Dworkin observa a cumplicidade entre regra jurídica unívoca e o decisionismo que redunda no aumento do poder discricionário do juiz, nota uma relação entre *regra* e *princípio*, sendo que a primeira é unívoca; e o segundo, de natureza ético-jurídica. Portanto, "[...] o direito estabelecido, na qualidade de sistema de regras, não esgota o direito como empreitada política".[173] Ou seja, "[...] são os princípios mais do que as regras que

---

172 RICOEUR, 2008, p. 158.

173 *Ibidem*, p. 159.

concorrem para a solução dos casos difíceis".[174] Os princípios têm força normativa própria, não são identificáveis por seu *pedigree* (quem o ditou? o costume? precedentes? o poder?); "[...] seu estatuto ético-político exclui a univocidade. Eles precisam ser interpretados a cada vez [...]"; isso gera "[...] o caráter interminável da controvérsia, que só pode ser compensada pelo forte consenso de uma sociedade democrática".[175] Essa tese talvez pudesse amparar nosso disseminado "apelo das ruas".

Esse argumento nos conduz ainda à posição de Ricoeur que vai de encontro à função discricionária do juiz, que se opõe à função do legislador e seu arbítrio da tese positivista. Ele retoma a perspectiva de uma sabedoria prática da decisão que é essencialmente uma posição de sua ética, portanto, o juiz como um agente ético. Talvez seja essa a tese principal que Ricoeur defenderia em relação aos diferentes conflitos jurídicos suscitados nas decisões do Supremo Tribunal, que tiveram um papel central no jogo democrático brasileiro. É assim que notamos como a necessidade da hermenêutica jurídica de Ricoeur de entrecruzar interpretação e argumentação, porque a argumentação não pode respaldar fatos sem interpretá-los e porque o argumento jurídico não pode prescindir da convicção do juiz – ainda que esta esteja pautada em boas razões, todas essas condições dependem de um julgamento prudente em situações conflitivas.

Na esteira de Dworkin e de seu combate ao positivismo, nota-se outra fragilidade da hermenêutica jurídica. O pressuposto hermenêutico geral de que há uma disjunção entre o sentido do texto e a intenção do autor permite-nos inferir, no plano da hermenêutica jurídica, que há também disjunção entre o sentido da lei e da decisão. Dworkin apoia em sua teoria jurídica o modelo da interpretação do texto literário, que sempre implica indecisão e vagueza e que sempre suscita ajustes (*fit*), portanto, procura reconstruir o sentido do trecho difícil do texto lendo a parte no conjunto da obra, princípio central da hermenêutica. Isso se aplica à empreitada judiciária de pensar a lei no âmbito de um contexto ampliado, à cadeia de narradores e pensar o direito no âmbito da sociedade, conforme Ricoeur, "[...] o caráter interminável da controvérsia, só pode ser compensada pelo forte consenso de uma sociedade democrática".[176] Para Dworkin, essa não é a fraqueza do Direito, como poderia pensar um positivista jurídico, mas justamente sua força.

---

[174] RICOEUR, 2008, p. 159-160.

[175] *Ibidem*, p. 160.

[176] *Ibidem*, p. 160.

Essas implicações da teoria de Dworkin, que Ricoeur retoma, poderiam servir de base para testar o nível de nosso positivismo jurídico, aquilo que poderia parecer uma fraqueza permissiva da interpretação jurídica se transforma em sua força. A tradição inglesa e americana do Direito, na qual Dworkin transita, é mais enfática nessa dinamicidade da jurisprudência; mas essa não é a tradição brasileira, por isso, nosso espanto é ainda maior quanto às aberrações promovidas pelo Supremo Tribunal nos últimos tempos.

Ricoeur considera ainda outros aspectos dessa interpretação, no que tange a essa relação do Direito com a sociedade. O ato de julgar opera como uma espécie de distribuição justa das partes numa sociedade. No ato de julgar, além da finalidade de curto prazo, que "põe fim à incerteza", Ricoeur ainda distingue uma finalidade de longo prazo, na qual o julgamento contribui para a paz pública, mesmo que o julgamento enseje um "mas", dos recursos e apelações até a decisão final. Essa confluência do Direito para a paz social permite a Ricoeur desenvolver a noção de que o Direito realizaria aquilo que na justiça distributiva designaríamos de partilha justa, não apenas da divisão das partes e daquilo que nos separa, mas no sentido de compartilhar. O ato de julgar tem como horizonte os dois componentes da partilha, o que nos aparta e o que nos faz tomar parte na sociedade.

Então, o que podemos dizer até aqui é que a fragilidade da hermenêutica jurídica só pode se desvencilhar do decisionismo sem limites na medida em que o aporte a um consenso se valha de uma sociedade democrática e que a decisão do juiz retome não apenas os princípios que são intrínsecos às "práticas" e que caracterizam um "bom juiz", tais como discricionariedade, conhecimento das leis, mas no nível dos "planos de vida" e de uma um "identidade narrativa"[177] que apontam para uma identidade ética e uma prudência, na qual a distribuição das partes de um processo é uma partilha justa que nos aparte e nos faz tomar parte numa sociedade melhor com instituições justas.

---

[177] Os conceitos de "práticas" e "planos de vida" são desenvolvidos por Ricoeur no campo de sua teoria da ação, nos capítulos 4 e 5, de *O Si-Mesmo como Outro*. Nesses capítulos, Ricoeur discute a teoria da ação e a dimensão narrativa da ação a partir de teóricos analíticos e defensores de uma alternativa contemporânea para a teoria das virtudes, como MacIntyre em sua obra *Depois da virtude*.

CAPÍTULO 5
CULTURA E SIMULACRO: DA EXCEÇÃO À AUTENTICIDADE

> *"Uma sociedade pode partilhar sensibilidades, gostos, sonhos, etc., que são fabricadas e mantidas pela publicidade e que na realidade não fazem parte das significações comuns."*
> Charles Taylor

1. APRESENTAÇÃO

A partir de questões filosóficas fundamentais em termos de ética e filosofia política, busca-se estabelecer interlocução entre a exceção em Giorgio Agamben e a autenticidade em Charles Taylor para compreender a questão do simulacro na cultura atual, aqui caracterizado como Estado de exceção e seus apelos por autenticidade. Analisa-se o sentido da cultura da autenticidade, como momento histórico que vivemos e que prima pelo subjetivo, o pessoal e a autorrealização. Já a ética da autenticidade encaminha um processo hermenêutico de entendimento das raízes ontológicas e morais da modernidade e que configuram o momento atual. A partir desse entendimento se pergunta: podemos considerar a "autenticidade" uma significação intersubjetiva da vida social contemporânea? E nesse movimento passamos a investigar a filosofia de Giorgio Agamben, particularmente o conceito de "estado de exceção", com o seguinte problema: Estado de exceção é, realmente, paradigma da política contemporânea, como quer Agamben? Essas duas vertentes vão ser unificadas no terceiro problema: a ética da autenticidade de Charles Taylor pode ser uma resposta ao Estado de exceção de Giorgio Agamben?

A filosofia moderna e contemporânea carece de referenciais que desencadeiem processos de compreensão dos fenômenos sociais e políticos que vivemos. Trata-se de uma tarefa filosófica, mas que se justifica social e culturalmente pelo serviço que pode prestar à educação, à tecnologia, aos sistemas políticos e às diversas organizações envolvidas. Escolhemos dois autores atuais e com um pensamento filosófico global. Isso nos permite clareza e confiabilidade no processo de interpretação e da abertura de prospectivas para a problemática social contemporânea, particularmente a política. As ideias aqui desenvolvidas nos permitirão construir referenciais filosóficos atualizados. Esses referenciais nos permitirão tirar algumas conclusões a respeito do mundo em que vivemos e das posturas individuais e organizacionais necessárias em prol de uma humanização nos processos educativos, técnicos e tecnológicos.

Busca-se seguir uma perspectiva qualitativa e teórica, baseada na hermenêutica filosófica dos textos de Charles Taylor e de Giorgio Agamben. Para Taylor, a pesquisa em Ciências Humanas tem a ver com "salvar os fenômenos". Taylor utiliza a expressão "salvar os fenômenos" querendo não reduzir o agir do homem a mero acontecimento neurofisiológico, nem seccionar de maneira não natural o ambiente intencional em que os indivíduos se orientam à ação. No caso da política, "salvar os fenômenos" significa colher o nexo não extrínseco entre a comunidade política e a ideia de vida boa que nela se encarna, já que os seres humanos se orientam a fins que, coletivamente entendidos, representam a realização de um modelo de convivência que satisfaça as suas necessidades, desejos, aspirações e projetos e, neste preciso sentido, possa ser razoavelmente definido como bom. Como alternativa ao modelo do olhar "absoluto" e distante das Ciências Naturais, buscamos a hermenêutica. Na perspectiva hermenêutica, a atitude de compreensão é concebida não tanto como método cognoscitivo, mas como o fundamental e iniludível modo de ser no mundo pelo homem e, portanto, como uma categoria ontológica antes que gnosiológica.

2. AGAMBEN E O ESTADO DE EXCEÇÃO

Agamben nos lembra que os gregos utilizam duas palavras para *vida*: *zoé* (vida enquanto comum a todos os seres) e *bíos* (vida enquanto viver humano). Contudo, essa vida natural e reprodutiva permanece confinada no *oîkos* e é excluída da *pólis*. É Foucault (1976) quem explicita que por milênios o homem permaneceu como um animal vivente capaz de existência política, o que não se vê no "limiar da modernidade biológica" quando o simples corpo vivente torna-se a aposta das estratégias políticas. "O ingresso da *zoé* na esfera da *pólis*, a politização da vida nua como tal constitui o evento decisivo da modernidade, que assinala uma transformação radical das categorias político-filosóficas no pensamento clássico".[178]

Agamben quer investigar o que, para ele, ficou como um ponto cego na pesquisa de Foucault: a intersecção entre o poder jurídico-institucional e o poder biopolítico. Em outras palavras: "Qual é a relação entre política e vida, se esta se apresenta como aquilo que deve ser incluído através de uma exclusão?".[179] Protagonista da obra é a vida nua, a vida matável e insacrificável do *homo sacer*, esta obscura figura do Direito romano arcaico. Na modernidade, ao mesmo tempo em que a exceção se torna regra, a vida nua coincide com o espaço público. Ao mesmo tempo em que o homem se torna objeto do poder estatal, nasce a democracia moderna na qual o homem é considerado sujeito do poder político. "Por trás do longo processo antagonístico que leva ao reconhecimento dos direitos e das liberdades formais está, ainda uma vez, o corpo do homem sacro com o seu duplo soberano, sua vida insacrificável e, porém, matável".[180]

Inicialmente, Agamben, em sua obra *Estado de exceção*, situa a questão da exceção em Carl Schmitt, que lembra que o soberano é "aquele que decide sobre o estado de exceção" (1922), ou mesmo em Saint-Bonnet, para quem o Estado de exceção constitui um "ponto de desequilíbrio entre o direito público e o fato político" (2001). O Estado de exceção seria a forma legal daquilo que não pode ter forma legal. E, com isso, o autor introduz a questão: "É essa terra de ninguém, entre o direito público e o fato político e entre a ordem jurídica e a vida, que a presente pesquisa se propõe a explorar".[181]

Para o autor, o Estado de exceção é sempre a resposta imediata do poder estatal aos conflitos internos mais extremos. Hitler, logo que tomou o poder, promulgou o *Decreto para a proteção do povo e do Estado*. Nas palavras do autor:

> O totalitarismo moderno pode ser definido, nesse sentido, como a instauração, por meio do estado de exceção, de uma guerra civil legal que permite a eliminação física não só dos adversários políticos, mas também de categorias inteiras de cidadãos que, por qualquer razão, pareçam não integráveis ao sistema político.[182]

---

178 AGAMBEN, Giorgio. *Homo sacer:* o poder soberano e a vida nua. 2. ed. Belo Horizonte: Editora UFMG, 2010, p. 12.

179 *Ibidem*, p. 14.

180 AGAMBEN, Giorgio. *Estado de exceção.* 2. ed. São Paulo: Boitempo, 2004, p. 13.

181 *Ibidem*, p. 12.

182 *Ibidem*, p. 13.

Desde então, essa prática tornou-se comum, inclusive nos Estados democráticos, o que leva o autor a afirmar que "o estado de exceção tende cada vez mais a se apresentar como o paradigma de governo dominante na política contemporânea".[183] Deixou de ser uma medida provisória e excepcional para ser uma técnica de governo que transpõe a democracia para o absolutismo. O Estado de exceção não é um direito especial, como o da guerra, mas uma suspensão da própria ordem jurídica. Trata-se de uma criação da tradição democrático-revolucionária, e não da absolutista. A ele se associa a ideia de *plenos poderes*, em que o Executivo tem o poder de promulgar decretos com força de lei, delegando ao governo um poder legislativo que deveria ser competência exclusiva do Parlamento. Temos uma progressiva erosão dos poderes legislativos do Parlamento, que se limita a ratificar os decretos do Executivo. O que deveria ser uma exceção transformou-se numa prática duradoura de governo.

Sobre o papel decisivo da exceção (*ausahame*), afirma o autor:

> Esta é, no direito, um elemento que transcende o direito positivo, na forma da sua suspensão. Ela está para o direito positivo, como a teologia negativa está para a teologia positiva. Enquanto esta, na verdade, predica e afirma de Deus determinadas qualidades, a teologia negativa (ou mística), com o seu nem... nem..., nega e suspende a atribuição de qualquer predicação. Ela não está, todavia, fora da teologia, mas funciona, observando-se bem, como o princípio que fundamenta a possibilidade em geral de algo como uma teologia. Somente porque a divindade foi pressuposta negativamente com aquilo que subsiste fora de qualquer predicado possível, ela pode tornar-se sujeito de uma predicação. De modo análogo, somente porque a validade do direito positivo é suspensa no estado de exceção, ele pode definir o caso normal com âmbito da própria validade.[184]

Dessa forma, o autor tenta mostrar que "não é a exceção que se subtrai à regra, mas a regra que, suspendendo-se, dá lugar à exceção e somente deste modo se constitui como regra, mantendo-se em relação com aquela".[185] Trata-se de uma "tomada do fora", onde o caos é incluído no ordenamento através da criação de uma zona de indiferença entre o externo e o interno, entre caos e situação normal, ou seja, o Estado de exceção. Assim como a linguagem pressupõe o não linguístico numa relação virtual, também a lei pressupõe o não jurídico. "A linguagem é o soberano que, em per-

---

183 AGAMBEN, 2014, p. 13.

184 AGAMBEN, 2010, p. 24.

185 *Ibidem*, p. 25.

manente estado de exceção, declara que não existe um fora da língua, que ela está sempre além de si mesma".[186] A exceção é incluída no caso normal justamente porque não faz parte dele. Aquilo que não pode ser incluído em nenhum caso será incluído na forma de exceção.

O autor se debruça sobre a análise da questão: o Estado de exceção pode ser inserido no ordenamento jurídico ou é exterior a esse ordenamento? Nas palavras do autor: "Na verdade, o estado de exceção não é nem exterior nem interior ao ordenamento jurídico e o problema de sua definição diz respeito a um patamar, ou a uma zona de indiferença".[187] Enquanto figura da necessidade, o Estado de exceção apresenta-se como figura "ilegal", mas "jurídica e constitucional", que se caracteriza pela criação de novas normas e de nova ordem jurídica. A própria revolução se caracteriza por não ser regulamentada pelos poderes estatais, por isso ela é antijurídica, mesmo que justa. Para o autor, a teoria da necessidade não se sustenta, dada a própria natureza da necessidade. Ou seja:

> Essa ingênua concepção, que pressupõe uma pura factualidade que ela mesma criticou, expõe-se imediatamente às críticas dos juristas que mostram como a necessidade, longe de apresentar-se como um dado objetivo, implica claramente um juízo subjetivo e que necessárias e excepcionais são, é evidente, apenas aquelas circunstâncias que são declaradas como tais.[188]

No Estado de necessidade, o juiz elabora um direito positivo de crise, assim como, em tempos normais, ele preenche as lacunas do Direito. Assim, o Estado de exceção estaria relacionado com as lacunas do Direito. O Estado de necessidade é interpretado como uma lacuna no Direito Público, a qual o Poder Executivo deverá remediar. Mas, nas palavras do autor: "Longe de responder a uma lacuna normativa, o estado de exceção apresenta-se como a abertura de uma lacuna fictícia no ordenamento, com o objetivo de salvaguardar a existência da norma e sua aplicabilidade à situação normal".[189]

Para o autor, a tentativa mais rigorosa de construir uma teoria do Estado de exceção se deve a Carl Schmitt, em dois livros publicados no início da década de 1920, um sobre ditadura e outro sobre teologia política. "O *telos* da teoria é, nos dois livros, a inscrição do estado de exceção num contexto

---
[186] AGAMBEN, 2010, p. 28.
[187] AGAMBEN, 2004, p. 39.
[188] *Ibidem*, p. 46.
[189] *Ibidem*, p. 48.

jurídico".[190] Trata-se de uma articulação paradoxal, já que se quer inscrever no Direito algo essencialmente exterior a ele. Na ditadura comissária, há uma suspensão da Constituição para defender sua existência, numa distinção entre a norma e as regras técnico-práticas que presidem sua realização. Já a ditadura soberana se permite impor uma nova Constituição, numa distinção entre poder constituinte e poder constituído. O soberano, que decide sobre a exceção, se ancora na ordem jurídica. Em si, a decisão é uma anulação da norma, mas o soberano, ao mesmo tempo, está fora da ordem jurídica válida. Schmitt institui uma série de divisões para viabilizar o funcionamento da máquina do Direito. Divisões entre normas do Direito e normas de realização do Direito, entre a norma e sua aplicação concreta. Conforme o autor:

> A ditadura comissária mostra que o momento de aplicação é autônomo em relação à norma enquanto tal. [...] Representa, pois, um estado da lei em que esta não se aplica, mas permanece em vigor. Em contrapartida, a ditadura soberana, em que a velha constituição não existe mais e a nova está presente sob a forma 'mínima' do poder constituinte, representa um estado da lei em que esta se aplica, mas não está formalmente em vigor.[191]

Em Schmitt, a norma nunca pode ser deduzida sem deixar resto. O Estado de exceção introduz no Direito uma zona de anomia onde ele se viabiliza. Nas palavras de Agamben:

> Em nosso estudo do estado de exceção, encontramos inúmeros exemplos da confusão entre atos do poder executivo e atos do poder legislativo; tal característica, como vimos, uma das características essenciais do estado de exceção. [...] Porém, do ponto de vista técnico, o aporte específico do estado de exceção não é tanto a confusão entre os poderes, sobre a qual já se insistiu bastante, quanto o *isolamento* da 'força da lei' em relação à lei. [...] O estado de exceção é um espaço anômico onde o que está em jogo é uma força de lei sem lei.[192]

Ao tratar de potência e Direito, Agamben retoma a importante distinção entre poder constituído e poder constituinte, não pela questão em si, o que parece suficientemente abordado no conceito trotskista de "revolução permanente" e no maoísta de "revolução ininterrupta". Mas, principalmente, pela dificuldade de distinguir poder constituinte e poder soberano. "Poder constituinte e poder soberano excedem, ambos, nesta perspectiva, o plano da norma (seja até mesmo da norma fundamental), mas a simetria deste excesso

---

190 AGAMBEN, 2004, p. 54.

191 *Ibidem*, p. 58.

192 *Ibidem*, p. 61.

é testemunha de uma contiguidade que vai se diluindo até a coincidência".[193] Na mesma relação entre ato e potência, o autor afirma que foi Aristóteles quem legou à filosofia ocidental o paradigma do soberano. Ou seja:

> A soberania é sempre dúplice, porque o ser se autossuspende mantendo-se, como potência, em relação de bando (ou abandono) consigo, para realizar-se então como ato absoluto (que não pressupõe, digamos, nada mais do que a própria potência). No limite, potência pura e ato puro são indiscerníveis, e esta zona de indistinção é, justamente, o soberano (na Metafísica de Aristóteles, isto corresponde à figura do "pensamento do pensamento", ou seja, de um pensamento que pensa em ato somente a própria potência de pensar).[194]

A ideia central, aqui, é que a potência existe antes de ser exercida e que a obediência precede as instituições que a tornam possível. Trata-se do caráter mitológico, segredo de todo poder.

E é isso que possibilita vivermos na estrutura do bando soberano, onde a lei vigora, mas não significa. Uma lei que se mantém como "ponto zero" do seu conteúdo incluindo as pessoas numa pura relação de abandono. Para Agamben é em Kant que a forma pura da lei como "vigência sem significado" aparece pela primeira vez na modernidade e se torna familiar nas sociedades de massa e nos grandes Estados totalitários do nosso tempo. Do que decorrem, para o autor, dois questionamentos: o das Escrituras (ai de vós, homens da lei... não entrastes e não permitistes que outros entrasse) e sua possível reformulação (ai de vós que não quisestes entrar pela porta da Lei e nem ao menos permitistes que fosse fechada). Daí sua conclusão: "À altura da tarefa estaria hoje somente um pensamento capaz de pensar simultaneamente o fim do Estado e o fim da história, e de mobilizar um contra o outro" (AGAMBEN, 2010, p. 66).

Nosso autor recorda da definição do gramático romano Festo para uma figura do Direito romano arcaico, o *homo sacer*:

> Homo sacro é, portanto, aquele que o povo julgou por um delito; e não é lícito sacrificá-lo, mas quem o mata não será condenado por homicídio; na verdade, na primeira lei tribunícia se adverte que "se alguém matar aquele que por plebiscito é sacro, não será considerado homicida". Disso advém que um homem malvado ou impuro costuma ser chamado sacro. (Festo).[195]

---

193 AGAMBEN, 2010, p. 49.

194 *Ibidem*, p. 53.

195 *Ibidem*, p. 74.

Como mostra Agamben, historicamente, o soberano tem sido considerado uma lei viva, por isso ele não é obrigado por ela. Anomia e *nomos* coincidem inteiramente em sua pessoa. Enquanto lei viva é intimamente *anomos*, por isso o Estado de exceção é a vida secreta e verdadeira da lei. Teríamos, por isso, uma lei viva, hierarquicamente superior e uma lei escrita, a ela subordinada. Daí a constatação de que a anarquia geral das festas anômicas evidencia a anomia interna ao Direito, o Estado de emergência como pulsão anômica contida no próprio coração do *nomos*. Direito a anomia mostram sua distância e, ao mesmo tempo, sua secreta solidariedade. Ou seja:

> As festas anômicas dramatizam essa irredutível ambiguidade dos sistemas jurídicos e, ao mesmo tempo, mostram que o que está em jogo na dialética entre essas duas forças é a própria relação entre o direito e a vida. Celebram e reproduzem, sob a forma de paródia, a anomia em que a lei se aplica ao caos e à vida sob a única condição de tornar-se ela mesma, no estado de exceção, vida e caos vivo.[196]

Isso nos remete, com Agamben, para a ambivalência do sacro e de sua aproximação com o bando. Vivências radicais da religiosidade estão associadas com uma separação do mundo, com processos de dessubjetivização que se dão pela perda do nome original e perda de direitos fundamentais, como a liberdade, a autonomia, o exercício da sexualidade e o usufruto de bens materiais através dos votos de obediência, castidade e pobreza. Tal suposto processo de purificação é, em parte, esclarecido por Durkheim:

> Sem dúvida os sentimentos que inspiram estas e aquelas não são idênticos: uma coisa é o respeito e outra a repugnância e o horror. Todavia, dado que os gestos são os mesmos nos dois casos, os sentimentos expressos não devem diferir por natureza. Existe, na verdade, algo de horror no respeito religioso, sobretudo quando é muito intenso, e o temor que inspiram as potências malignas não é geralmente desprovido de algum caráter reverencial... O puro e o impuro não são, portanto, dois gêneros separados, mas duas variedades do mesmo gênero, que compreende as coisas sacras. Existem duas espécies de sagrado, o fasto e o nefasto; e não somente entre as duas formas opostas não existe solução de continuidade, mas um mesmo objeto pode passar de uma a outra sem alterar sua natureza. Com o puro se faz o impuro e vice-versa: a ambiguidade do sacro consiste na possibilidade desta transmutação. (Durkheim).[197]

E o autor segue mostrando o quanto as tentativas de sacralizar a vida humana até como uma dimensão antropológica ou psíquica ou como um

---

[196] AGAMBEN, 2004, p. 111.

[197] AGAMBEN, 2010, p. 79-80.

direito fundamental não passam de mecanismos de sujeição da vida a um poder de morte, sua irreparável exposição na relação de abandono. E explicita:

> [...] a sacralidade é, sobretudo, a forma originária da implicação da vida nua na ordem jurídico-política, e o sintagma *homo sacer* nomeia algo como a relação "política" originária, ou seja, a vida enquanto, na exclusão inclusiva, serve como referente à decisão soberana.[198]

Para Agamben, o elemento político originário é a vida nua ou a vida sacra, ou seja, a vida absolutamente matável. A vida humana só se politiza através do abandono a um poder incondicional de morte, um poder que no Direito romano aparece na relação pai-filho (no instante em que o pai reconhece o filho varão, alçando-o do solo, adquire sobre ele o poder de vida e de morte).

3. CHARLES TAYLOR E A ÉTICA DA AUTENTICIDADE

A filosofia moral contemporânea, particularmente no mundo da língua inglesa, tendeu a se concentrar mais no que é certo fazer do que no que é bom ser, mais na definição do conteúdo da obrigação do que na natureza do bem viver. Não há espaço conceitual para a noção do bem como o objeto de nosso amor, ou lealdade, ou, ainda, como foco privilegiado da atenção ou da vontade. Por isso, Taylor[199] propõe-se apresentar e examinar as linguagens subjacentes mais ricas em que assentamos os alicerces e o sentido das obrigações morais que reconhecemos. Quer examinar o pano de fundo de nossa natureza e situação espirituais, que são suporte para algumas das intuições morais e espirituais dos contemporâneos. Além das noções e reações relativas a tópicos como justiça e respeito à vida, ao bem-estar e dignidade das pessoas, quer analisar o sentido do que está na base da própria dignidade, ou questões que tornam a vida significativa ou satisfatória. Isso Taylor (1994) denomina de *avaliação forte*, pois envolve discriminações acerca do certo ou errado, melhor ou pior, mais elevado ou menos elevado, que são validadas pelos desejos, inclinações e escolhas, mas existem independentemente desses e oferecem padrões pelos quais podem ser julgados.

As várias explicações ontológicas atribuem predicados aos seres humanos que parecem análogos aos predicados teóricos das Ciências Naturais. Em Platão, por exemplo, a explicação ontológica que está na base da moralidade era idêntica à sua teoria *científica* do universo. As explicações ontológicas têm o estatuto de articulações dos instintos morais.

---

[198] AGAMBEN, 2010, p. 86.

[199] TAYLOR, Charles. *La ética de la autenticidad*. Barcelona: Paidos, 1994.

Elas articulam as afirmações implícitas nas reações. Existe, portanto, uma objetividade moral. A introvisão moral requer que se neutralizem algumas reações, mas não se trata de prescindir por inteiro das reações.

Mas, o que nos interessa são o entendimento e a proposta de Taylor em torno da ética da autenticidade. Originada em fins do século XVIII, para Taylor, o ponto de partida da ética da autenticidade pode ser fixado na noção, então corrente, de que os seres humanos estão dotados de sentido moral, de um sentimento intuitivo do que está bem e do que está mal – uma ideia enunciada inicialmente por outros, mas que apareceria em sua forma decisiva para a modernidade em Rousseau. Ele dá voz a um novo sentido para esse contato do indivíduo consigo mesmo, convertendo-o em algo que devemos alcançar com o *fim* de sermos verdadeiros e plenos seres humanos, registrando um pronunciado *giro subjetivo* da cultura moderna, em que terminamos por pensar em nós mesmos como seres investidos de uma profundidade interior, até então não reconhecida.

Para compreender o que existe de novo nisso, é necessário considerar a analogia com anteriores visões morais, nas quais estar em contato com alguma fonte – por exemplo, Deus, ou a Ideia de Bem – se considerava essencial para uma existência plena. Agora a fonte com a qual se tem que entrar em contato reside no interior de cada um. Isso é parte do giro subjetivo da cultura moderna. Instaura-se aqui uma forma nova de interioridade, na qual se termina por pensar a si mesmo como um ser investido de uma essencialidade interior. Em princípio, essa ideia de que a fonte reside no interior não exclui a ligação com Deus ou com as Ideias. Pode-se considerá-la como uma forma particular de relação com eles. Em certo sentido, pode-se tomar como uma continuação e intensificação da evolução iniciada por Santo Agostinho, que observou que o caminho que conduzia a Deus passava pela consciência reflexiva sobre si mesmo. A noção de que cada um de nós tem sua forma original de ser humano obriga cada um a descobrir o que significa ser ele mesmo. O descobrimento não se dá consultando modelos pré-existentes, por hipóteses. Só é possível realizar-se articulando pessoalmente o significado. Descobre-se o que há em cada um ao converter-se nesse modo de vida, dando expressão nas palavras e na ação àquilo que é original em si. A noção de que a revelação se alcança através da expressão é o que Taylor[200] quer dizer ao falar do e*xpressivismo* na noção moderna de indivíduo. O artista se converte no exemplo paradigmático de como as

---

200 TAYLOR, Charles. *As fontes do self*. A construção da identidade moderna. São Paulo: Loyola, 1997.

pessoas alcançam autodefinição. O autodescobrimento passa pela criação, pela realização de algo original e novo.

A autenticidade é em si mesma uma ideia de liberdade; propõe que cada um encontre o propósito de sua vida frente às exigências de conformidade com o mundo exterior. Mas a noção de liberdade, levada aos extremos, não reconhece fronteira alguma, nada de concreto que se tenha que respeitar no exercício da escolha autodeterminada. Pode inclinar-se até às formas extremas de antropocentrismo.

A autenticidade legítima não pode nem deve ir sempre de mãos dadas com a autenticidade autodeterminada. E, onde a tradição da autenticidade cai por qualquer outra razão no antropocentrismo, a aliança se torna irresistível. Isso porque o antropocentrismo, ao abolir todos os horizontes de significado, conduz à perda destes e à trivialização da condição humana. A situação se torna trágica: estamos sozinhos no universo mudo, carentes de significado intrínseco, condenados a criar valores.

Em um mundo achatado, no qual os horizontes de significado se tornam mais porosos, o ideal de liberdade autodeterminada exerce uma atração muito poderosa. Parece que pode conferir significação mediante a escolha, fazendo da vida um exercício de liberdade, mesmo quando fracassam todas as demais fontes. A liberdade autodeterminada é em parte a solução da cultura da autenticidade, e, ao mesmo tempo, sua perdição, já que intensifica ainda mais o antropocentrismo. Esse círculo vicioso perverte o ideal da autenticidade e a ética do reconhecimento da diferença.

Taylor (1994) lembra que descreveu a cultura da autenticidade como algo impulsionado, ainda em suas variantes mais *narcisistas*, por um ideal de autenticidade que, devidamente entendido, condena essas variantes. É uma cultura que sofre de uma tensão constitutiva. Isso contrasta com a visão comum das formas egocêntricas de autorrealização como meros produtos de um egoísmo autoindulgente, ou como algo motivado por um ideal que não é melhor que as menos admiráveis de suas práticas.

Em Taylor (1997), os seres humanos estão dotados de um sentido moral, de um sentimento intuitivo do que é bem e do que é mal. Isso se relaciona com a liberdade autodeterminada, com a política e com a autenticidade. Taylor denomina *avaliação forte* aquilo que envolve discriminações acerca do certo ou errado, melhor ou pior, mais elevado ou menos elevado, que são validadas pelos desejos, inclinações e escolhas, mas existem independentemente destes e oferecem padrões pelos quais podem ser julgados. A autenticidade, em Taylor, se relaciona com o que ele denomina traço central da vida humana: seu caráter fundamentalmente dialógico, ou seja, que a gênese da mente humana não é *monológica* – algo que cada qual atinja por si mesmo –, mas é dialógica.

Para que o conceito tayloriano de autenticidade possa operar na cultura atual, faz-se necessário enfrentar a epistemologia predominante da modernidade, assim como sua predominante concepção sobre a natureza da linguagem e a cultura política da modernidade. A partir da modernidade e particularmente na contemporaneidade, todos têm seus próprios valores, e é impossível argumentar sobre eles.

Segundo Taylor (2000), todos têm o direito de desenvolver sua própria forma de vida, fundada num sentido próprio do que tem importância ou tem valor. Pede-se às pessoas que sejam fiéis a si mesmas e busquem sua autorrealização, o que se poderia chamar de individualismo da autorrealização. Taylor lida com o liberalismo da neutralidade, com o subjetivismo moral, o utilitarismo e com a perspectiva das Ciências Sociais para defender o ideal moral da autenticidade.

Taylor quer mostrar que é isso que acontece com a esfera pública moderna: "Ela é um espaço de discussão autoconscientemente visto como estando fora do poder".[201] Vem com a esfera pública moderna a ideia de que o poder político tem de ser supervisionado e controlado por alguma coisa fora dele. Uma segunda faceta da novidade da esfera pública é sua secularidade radical. É radical por contrastar não só com um fundamento divino para a sociedade, mas também com toda ideia de sociedade como constituída em algo que transcenda a ação comum contemporânea. Ou seja:

> A esfera pública é uma associação constituída por nenhuma coisa fora da ação comum que realizamos nela: chegar a uma ideia comum, quando possível, por meio da troca de ideias. Sua existência como associação é precisamente nosso agir juntos dessa maneira. A ação comum não é possibilitada por um arcabouço que precise ser estabelecido em alguma dimensão que transcenda a ação: um ato de Deus, uma grande cadeia do ser ou uma lei vinda até nós das camadas remotas do tempo. É isso que torna a esfera pública radicalmente secular.[202]

Para Taylor, antes do período moderno, as pessoas só se podiam ver constituídas por algo transcendente à ação, seja Deus, uma cadeia do

---

201 TAYLOR, Charles. *Argumentos filosóficos*. São Paulo: Loyola, 2000, p. 285.
202 *Ibidem*, p. 285.

ser ou alguma lei tradicional. A partir do século XVIII, a esfera pública passa a ser: "um espaço comum e um agir comum metatópicos sem uma constituição transcendente à ação, um agir fundado puramente em suas próprias ações comuns".[203] Resumindo:

> A esfera pública foi um novo espaço metatópico em que membros da sociedade podiam trocar ideias e chegar a uma ideia comum. Como tal, ela se constitui como agente metatópico, mas um agente que se compreende existir fora da constituição política da sociedade e completamente no tempo profano.[204]

Em Taylor, o pano de fundo da autenticidade é o imaginário social moderno. Segundo ele, o homem, a partir do século XVII, começa a gozar de uma nova liberdade sobre a base da não interferência, da não intervenção paternalista. Não há espaço para um deus ou um rei. Segundo Taylor, entre os modernos se destacam as questões em torno do sentido da vida. Nisso, destaca o papel da narrativa para que o ser humano moderno encontre um sentido de si mesmo e os requisitos do *fazer sentido* da vida.

4. TAYLOR E A BUSCA POR NOSSAS SIGNIFICAÇÕES INTERSUBJETIVAS

Em seu texto *Interpretation and the sciences of man* (1985), Charles Taylor é tão claro e atual, que as respostas para as questões que levantamos surgem como que naturalmente. Segundo o autor, a política tem buscado ser uma ciência verificável e, por isso, se concentrado em traços supostamente suscetíveis de identificação abstrata e isolada da significação experiencial. Como se a Ciência Política pudesse se ater à identificação de dados brutos, positivados. Contudo, limitar a política a esses dados seria restringi-la. Se queremos abordar as significações que dão forma à ação política, certa perspicácia interpretativa será indispensável.

Segundo Taylor, os politólogos da corrente atualmente dominante constroem seu pensamento a partir do empirismo lógico e reconstituem a realidade em conformidade com certas categorias, normalmente estatísticas, e mesmos os dados pessoais e intersubjetivos devem ser identificados com dados brutos. Qualquer opinião, crença, etc. são consideradas a partir de dados brutos, como resposta do(s) indivíduo(s) a um questionário.

Nas palavras do autor:

---

[203] TAYLOR, 2000, p. 287.
[204] *Ibidem*, p. 289.

> *From the point of view of empiricist epistemology, this set of categorial principles leaves nothing out. Both reality and the meanings it has for actors are coped with. But what it in fact cannot allows for are intersubjective meanings, that is, cannot allow for the validity of descriptions of social reality in terms of meanings, hence not as brute date, which are not in quotation marks and attributed as opinion, attitude, etc., to individual (s).*[205]

Para o filósofo canadense, a linguagem da nossa sociedade reconhece ações como: estabelecer negociações, romper negociações, oferecer-se a negociar, negociar de boa (ou má) fé, concluir uma negociação, fazer uma nova oferta, etc., ou seja, assim se constituem nosso espaço semântico, nosso vocabulário e linguagem nesse domínio. Toda a nossa concepção de negociação está ligada à identidade e autonomia das partes, bem como à natureza voluntária de suas relações, ou seja, a uma perspectiva contratual. Isso porque assim foi sendo formada nossa prática. Noutras sociedades o vocabulário pode ser outro. Para Taylor, a linguagem é constitutiva da realidade, é essencial para que ela seja tal como é. Separar e distinguir linguagem e realidade implica passar por cima do essencial. Mesmo num âmbito onde as regras não são definidas com clareza, os comportamentos se distinguem entre apropriados ou inapropriados. Ou seja, todas as instituições e práticas nas quais vivemos estão constituídas por certas distinções, por certa linguagem, essencial a elas. No caso do voto, para que seja efetivo, deve haver nas autointerpretações das pessoas uma distinção entre autonomia e eleição forçada.

As práticas, para Taylor, implicam certa concepção do agente e sua relação com os outros e com a sociedade. Ou seja:

> *We can think of the difference between our society and the simplified version of the traditional Japanese village as consisting in this, that the range of meaning open to the members of the two societies is very different. But what we are dealing with here is not subjective meaning which can fit into the categorical grid of behavioral political science, but rather intersubjective meanings. It is not just that the people in our society all or mostly have a given set of ideas in their heads and subscribe to a given set of goals. The meanings and norms implicit in these practices are not just in the minds of the actors but are out there in the practices themselves, practices which cannot be conceived as a set of individual actions, but which are essentially modes of social relation, of mutual action.*[206]

---

[205] TAYLOR, Charles. *Philosophy and the human sciences*. Philosophical papers 2. Cambridge: Cambridge University Press, 1985, p. 31-32.

[206] *Ibidem*, p. 36.

A convergência de crenças ou atitudes ou sua ausência pressupõem uma linguagem comum na qual elas podem ser formuladas e contrapostas. Em qualquer sociedade, segundo Taylor, grande parte dessa linguagem está enraizada em suas instituições e práticas e as constitui. Faz parte de suas significações intersubjetivas. Diferente dos consensos que podem existir em maior ou menor número e que vão caracterizar Estados como mais homogêneos ou mais multirraciais, multitribais, multinacionais, chegando ao caso de divisões profundas; as significações intersubjetivas estão enraizadas nas práticas sociais. E, conforme o autor, crescente número de jovens tem lançado ataques contra a visão de uma sociedade baseada na negociação e contra as normas da racionalidade e da definição de autonomia que a acompanha. Há aqui um fracasso dramático do consenso; contudo, é uma divisão que se produz no marco de uma significação intersubjetiva, faz parte de uma prática social. Ao mesmo tempo, há uma busca de outras formas que ainda são formulações abstratas de ideais subjetivos, porque não estão enraizadas na prática – por isso a rebelião parece tão "irreal" e irracional para quem vê de fora.

Essas significações intersubjetivas – *"way so experiencing action in society which are expressed in the language and descriptions constitutive of institutions and practices"*[207] – não encaixam nas categorias das Ciências Políticas predominantes, pois só admitem o que se identifica com dados brutos. O conceito de dados brutos implica justamente a negação das significações intersubjetivas. Uma sociedade pode partilhar sensibilidades, gostos, sonhos, etc. que são fabricados e mantidos pela publicidade e que na realidade não fazem parte das significações comuns. O que está em jogo nas significações intersubjetivas é muito mais que consenso ou convergência de opiniões, valores ou atitudes. Elas exigem coparticipação e subsistem mesmo com um alto grau de divisão. Nossa civilização construiu uma vigorosa significação comum em torno de certa visão de sociedade livre na qual a negociação tem um lugar central. Mas a ontologia das Ciências Sociais predominantes carece de um conceito de significação, que não seja endereçada a um sujeito individual, que pode ser um "nós" ou um "eu", e esquece que *"we are aware of the world through a 'we' before we are through an 'I'"*.[208]

Retomando o que já foi dito, Taylor demonstra que a Ciência Social e Política predominante tende a lidar com a realidade a partir de dados brutos objetivados ou dados subjetivos e individualizados, seu foco está

---

207 TAYLOR, 1985, p. 38.

208 *Ibidem*, p. 40.

na "legitimidade". E é a legitimidade que gera acatamento via controles externos (uso da força), estímulos externos (*marketing*) ou controles e recompensas internas (crenças). Essa visão exclui a consideração de que que a realidade social se caracteriza por significações intersubjetivas e comuns. Questões como autonomia, racionalidade e negociação são exemplos de significações intersubjetivas, mesmo que possam ser questionadas por grupos ou pessoas de nossa cultura e mesmo que em outras culturas elas possam não estar presentes. Para quem quer fugir desses questionamentos, só mesmo uma postura como a dos empiristas lógicos:

> But the result of ignoring the difference in inter-subjective meanings can be disastrous to a Science of comparative politics, viz., that we interpret all other societies in the categories of our own. Ironically, this is what seems to have happened to American political science.[209]

Conforme Taylor, a "ideologia" mais importante para explicar a coesão das sociedades democráticas industriais tem sido a da sociedade do trabalho, a visão da sociedade como uma empresa produtiva em grande escala, onde funções muito variadas se integram de maneira interdependente. Uma visão que assegura papel primordial às relações econômicas, como ocorre tanto no marxismo quanto no utilitarismo clássico. Há uma solidariedade fundamental entre todos os membros da sociedade que trabalham, porque todos se dedicam a produzir o que é indispensável para a vida e a felicidade numa interdependência generalizada. Nosso autor usa o termo "ideologia" entre aspas, pois, ao mesmo tempo que essa coesão em torno da sociedade do trabalho se faz de um conjunto de ideias inscritas em sua matriz constitutiva, requer um nível absolutamente sem precedentes de disciplina, monotonia e muitas horas vividas num ritmo vazio de significado. E, aqui, Taylor introduz um tema que lhe é caro e que estuda em profundidade, a secularização, ao afirmar que o enfoque pragmático e empírico da política pode ser descrito como "secularização política". Uma cultura secularizada é menos dependente da ilusão, vê as coisas como são e não está contaminada pela "falsa consciência" da cultura tradicional ou ideológica.

Contudo, as tensões da sociedade contemporânea, a decadência da civilização e o crescimento de uma alienação profunda, que se traduz em ações destrutivas, tendem a perturbar as categorias da Ciência Social predominante:

---

209 TAYLOR, 1985, p. 42.

It is forced to look on extremism either as a bargaining of the desperate, deliberately raisin the ante in order of force a hearing. Or, alternatively, it can recognize the novelty of the rebellion by accepting the hypothesis that heightened demands are being made on the system owing to a revolution of "expectations", or else to the eruption of new desires or aspirations which hitherto had no place in the bargaining process. But these new desires or aspirations must be in the domain of individual psychology, that is, they must be such that their arousal and satisfaction is to be understood in terms of states of individual rather than in terms of the inter-subjective meanings in which they live. For these latter have no place in the categories of the mainstream, which thus cannot accommodate a genuine historical psychology.[210]

Nessa interpretação, para qualquer protesto ou ato de rebelião se atribui irracionalidade ou uma erupção pública de patologias privadas. Não cabe a possibilidade de concebê-las como uma enfermidade da própria sociedade, um mal-estar que afeta suas significações constitutivas. Vivemos uma virulência e uma tensão da crítica em nossa sociedade que é um rechaço de si mesma. E Taylor (1985) é claro ao afirmar que ninguém pode pretender ter um esboço de explicação adequado às grandes mudanças que ocorrem em nossa civilização; contudo, uma ciência hermenêutica do homem pode ao menos explorar alguns caminhos frutíferos a partir das significações intersubjetivas.

Podemos acreditar que a cultura da liberdade, produção e negociação oferecia, no passado, significações comuns e fundamento para a comunidade, como parte da construção de uma identidade civilizatória, pois se tratava de uma ruptura com um passado e a construção de um sonho. Uma elevação em relação ao passado, uma convivência livre e produtiva, a ação sobre a natureza, a prosperidade que parece enfrentar até a morte e uma relação com o absoluto a partir da liberdade, integridade e dignidade. Porém, segundo a enunciação de Taylor (1985), as gerações seguintes não conseguem sustentar esse sonho, pois já nascem dentro de um espaço privado de segurança que os torna incapazes de alcançar as grandes realidades e recuperar o contato com elas. Essas questões ficam desprovidas de sentido, e o vínculo se torna vazio e alienante. Por isso: *"past, future, Earth, world, and absolute are in some way or another occluded; and what must arise is an identity crisis of frightening proportions"*.[211] Com isso, se percebe que as questões são muito mais complicadas para aqueles que foram marginalizados ao longo desse período. Sofreram as maiores pressões para se adaptar a uma civilização que representava o

---

[210] TAYLOR, 1985, p. 48.

[211] *Ibidem*, p. 50.

oposto de sua identidade. Continuam sofrendo a pressão para adaptação em torno de uma identidade já desacreditada e sem novas referências.

Daí a defesa que Taylor faz de uma ciência hermenêutica capaz de gerar autodefinições significativas, mesmo que nunca completas. Uma ciência que não pode ser neutra nem ignorar as opções feitas. Fala-se de "ilusões" que, por vezes, sustentam práticas enganosas que não reconhecem a diversidade humana ou não veem os limites da capacidade humana de transformação. Uma compreensão intuitiva das significações intersubjetivas nos permitirá elaborar hipóteses frutíferas, no sentido atribuído a Engels de que o movimento se demonstra andando. Por isso, a hermenêutica vai demandar um sistema aberto; terá que abrir mão da exatidão fina de uma ciência baseada em dados brutos; e se baseia na concepção de que o homem é um animal que se define a si mesmo. *"Human Science is largely ex post understanding [...]. We cannot measure such sciences against the requirements of a Science of verification: we cannot judge them by their predictive capacity. [...] Finally, their successful prosecution requires a high degree of self-knowledge, a freedom from illusion".*[212]

5. CONSIDERAÇÕES FINAIS

O percurso que tentamos explicitar foi o da articulação entre exceção e autenticidade, enunciados por Agamben e Taylor, numa perspectiva hermenêutica. Hermenêutica de texto, de autores, mas também hermenêutica de época, de formas de pensar e de fatos históricos.

Isso nos encaminhou para as duas questões específicas: exceção em Agamben e autenticidade em Taylor. Demonstramos o quanto a exceção é sim o paradigma da política atual e que a autenticidade é a nova perspectiva ética que a humanidade vem tentando construir. E explicitamos também o quanto a autenticidade é necessária para dissolver os engodos da lógica da exceção.

Para Agamben, o Estado de exceção se constitui no principal paradigma da política contemporânea, pois é sempre uma resposta imediata do poder estatal aos conflitos internos mais extremos. E não se trata de uma criação dos Estados absolutistas, e sim uma criação da tradição democrático-revolucionária. Com Taylor, percebemos como a humanidade pode se constituir de outra maneira que não seja a do poder, colonização das subjetividades e mera positivação da vida feita pelo Direito. A autenticidade como espaço permanente de reflexão ética consiste num espaço verdadeiramente humano e verdadeiramente político.

---

[212] TAYLOR, 1985, p. 56.

Nisso, a vida humana é capturada pelo Direito, o que nos remete à figura do *homo sacer*, aquela pessoa excluída de seus direitos e colocada numa relação imediata com o soberano, aquele que tem o poder de decretar a exceção do Direito. O Estado de exceção nada mais é do que o movimento feito pelas instâncias de poder para imprimir o velho no novo, para instituir o instituinte, para manter paradigmas inalterados e sob a mesma lógica que rege o *status quo*. Pensar em autenticidade é permitir que o humano se renove permanentemente, valorar a liberdade e a iniciativa pessoal, e viabilizar uma democracia sustentada pelas pessoas, e não por estruturas legais preestabelecidas.

Com Taylor, percebemos que a ética da autenticidade é crítica da racionalidade não comprometida e do atomismo. Ela tem uma vocação emancipatória sem cair nas formas egocêntricas do antropocentrismo radical. A autenticidade é em si mesma uma ideia de liberdade; propõe que cada um encontre o propósito de sua vida frente às exigências de conformidade com o mundo exterior. Se Agamben constata que a vida tende a ser dominada pelo Direito, e este é regido por uma série de interesses que sempre são os de uma minoria, Taylor propõe uma sociedade sustentada pela reflexão ética e embasada numa ontologia do humano.

Se, como quer Taylor, os seres humanos são dotados de um sentido moral, de um sentimento intuitivo do que é bem e o que é mal, a política pode ser uma política da autenticidade, que acolha as diferenças e reconheça as identidades. A autenticidade será sempre dialógica, e o *self* sempre estará articulado com o bem, com avaliações fortes, com a ontologia moral, com o princípio da melhor descrição, com os hiperbens e com a articulação, pois existe, em Taylor, um limite para o concebível na vida humana.

Em vez da exceção, se pode buscar a autenticidade, afinal, todos têm o direito de desenvolver sua própria forma de vida, fundada num sentido próprio do que tem importância ou valor. O imaginário social moderno está calcado no ideal da autenticidade, e este é o potencial de uma época que pode ser respondido pelo Estado com uma política do reconhecimento, e não com um Estado de exceção.

Essa interpretação é explicitada com maestria única no que Taylor chama de significações intersubjetivas. As Ciências Humanas e Sociais se encontram diante de uma armadilha ferrenha e cruel. Mas, ao mesmo tempo, podem potencializar um novo olhar sobre si, o mundo, arte, política, manifestações públicas, pessoas, grupos, culturas, organizações e a vida.

editoraletramento editoraletramento.com.br
editoraletramento company/grupoeditorialletramento
grupoletramento contato@editoraletramento.com.br

casadodireito.com   casadodireitoed   casadodireito